Find the "work"

「働く」を見つける

10年後のあなたが変わる 目に見えない仕事術

株式会社ワン・ダイニング
代表取締役社長
髙橋 淳

ダイヤモンド社

はじめに

就職セミナーに招かれて驚いたこと

昨年二〇一五年の春、私は大手新聞社主催の就職セミナーに講師として招かれました。急成長中の外食チェーン(株式会社ワン・ダイニング)の社長として、また、かつて就職活動を行った社会人の先輩として、採用方針や就活生へのアドバイスを話してほしいということでした。

会場に着いて驚いたのは、二〇〇名ほどの参加者のうち、八割ほどが学生の親御さん（保護者）だったことです。学生の参加者は二割もいませんでした。セミナーのタイトルが「親子のための就職セミナー」だったこともあるのでしょうが、それにしても、これでは「親のための就職セミナー」です。

私が三十年ほど前に就職した頃は、親にはほとんど事後報告でした。親も「大丈夫か？」とたまに聞くくらいで、過剰に口出しすることはありませんでした。

時代が違うといえばそのとおりでしょう。ここ数年、学生の就職率は上昇していますが、経団連（一般社団法人 日本経済団体連合会）の新卒採用スケジュール（いわゆる採用選考基準）は、ころころ変わっています。

以前は大学三年生の十二月に会社説明会がスタートし、翌年四月から面接などの選考開始。そして、十月に正式内定が出るというスケジュールでした。ところが、三年生の間は学業に専念させるべきということで、昨年二〇一五年は、会社説明会のスタートを三年生の三月から、選考開始は四年生の八月からに遅らせたのです。しかし、これだと選考開始までの期間が延び、また、真夏にスーツを着て面接に臨まなければならないといったことに不満が噴出。今年二〇一六年は、会社説明会のスタートは同じまま、選考開始が六月に早まることになりました。

誰にとっても満足のいくスケジュールというものはないのでしょうが、これほど頻繁に変わると学生も戸惑ってしまいます。また、経団連加盟企業でも実際の採用活動はもっと前倒しになっているといいます。さらに、経団連に加盟していないＩＴ企業やベンチャー企業などは、それぞれ独自のスケジュールで動いています。

こうした混乱した状況をマスコミ報道などで見聞きし、親御さんが、息子さん娘さんたちの就職について心配される気持ちは分かります。つい、口を出したくもなるでしょう。

そしてまた、親御さんが子どもたちの就職に関わり過ぎる背景には、本人たちの「就職に対する迷い」もあるのではないでしょうか。

私自身が企業経営者として、毎年、新卒者の採用面接をしていて、そう感じます。

例えば、最終面接の場で「親と相談して」とか「親の同意をもらってから」という言葉が出てきたり、正式な内定を出した後、「家で相談したら反対されたので」といって辞退されることもあります。

就職活動にあたって、「働く」ということをどれくらい本気で考えているのか、人気企業ランキングや親の意見にひっぱられ過ぎているのではないか、自分をしっかり持っているのか——。

自分ときちんと向き合わず、周りのムードに流された就職活動では、不安や焦りだけが募ります。就職活動の期間は短く、大学生活と両立させながら進めるのは想像以上にたいへんです。就職は人生においてとても重要な岐路だけに、私もつい心配になります。

かといって、就職を必要以上に深刻に考え、成功か失敗かという二者択一で捉えるべきではないでしょう。人生は就職で終わりではありません。就職は「働く」ことのほんの入り口です。長い人生におけるひとつの節目として、悔いが残らないよう、就職活動に取り組めば良いと思います。

「働く」ことの意味とは？

長い人生の多くの時間を、私たちは「働く」ことに費やします。
「働く」ことの意味については、いろいろな答えがあるでしょう。生活のためにお金を稼ぐ、技能や経験を積んで成長する、仲間と力を合わせて目標を達成する、他人の役に立って喜んでもらう、社会の問題や課題を解決する――。いずれにしろ、「働く」ことは人間の大切な営みです。

また、日本国憲法において、働くことは国民の権利であるとともに義務であると規定されています（第二十七条）。「働く」ことによって、我々は社会の中で自立し、社会の安定と発展に貢献することができるのです。

ニートや引きこもりなどで「働かない・働けない」若者がなかなか減らないという状況もありますが、私は、充実した人生とは、いかに自分らしく「働く」ことができるかだと考えています。

私の経験では、「働く」うちの八〜九割はたいへんなことだったり、つらいことだったりします。残りの一〜二割が達成感ややり甲斐で、楽しいことはむしろ少ないでしょう。しかし、たいへんさやつらさが大きければ大きいほど、達成感ややり甲斐は大きくなります。

あるいは、「働く」ことにおける目標が高ければ高いほど、挑戦するのはたいへんです。しかし、達成したときの充実感や満足感はそれに比例してやはり大きくなります。そういう挑戦する気持ちが、仕事のモチベーションにつながります。

最近の学生のみなさんはどちらかというと安定志向で、挑戦といってもピンとこないかもしれません。でも、社会に出てみれば、安定が未来永劫に約束されているわけではないことにすぐ気づくでしょう。いまや、大企業でも急速に業績が悪化して、正社員が大規模なリストラに追い込まれたり、会社自体がなくなることだってあります。

一方、自分が置かれたポジションや状況でベストを尽くし、スキルや経験を磨き、成長を続けることで、いろいろな企業から求められる人材になる人もいます。

いまの時代、「働く」ことにおいては目先の安定にこだわらず、挑戦を続けることがむしろ大きな安定につながるのです。

約五五〇〇人のアルバイトに接して

私自身のキャリアを振り返ると、就職にあたってはマスコミと商社が志望で、自分なりに力を尽くして、大手商社のひとつである三井物産に入ることができました。

また、三十歳を過ぎてから、義父（現・株式会社ワン・ダイニング　髙橋健次会長）が創業した、現在の会社の前身である食肉販売会社（ダイリキ株式会社）に転職。店舗開発や人事・総務などに携わってきました。

二〇〇八年の会社分割によって、そのダイリキ株式会社が株式会社ワン・ダイニングへ商号変更し、外食事業を継承した際、私が社長に就任して現在に至っています。

いまでは、焼肉食べ放題の「ワンカルビ」、ぶた肉しゃぶしゃぶの「きんのぶた」、定食中心の「ワンカルGRILL」などのブランドを展開。関西を中心に、店舗数は一〇〇を超え、正社員三八四人とアルバイト五四四五人が働いています（二〇一六年四月一日現在)。

この約五五〇〇人のアルバイトの大半は大学生で、しかも、勤続期間は平均して一年七ヵ月になります。アルバイトから当社に入ってくる学生も毎年一〇名ほどいますが、それよりずっと多いのは、大手有名企業をはじめ、様々な企業から内定を受け取り、納得いく就職をしていく学生たちです。

それは、当社でアルバイトする中で「働く」ことの意味を考え、仲間と力を合わせて結果を出す醍醐味を経験し、コミュニケーションのスキルなど、仕事の基礎的な力が自然と身に付いていているからです。

最近の大学生は、推薦やAO入試などで入学するケースが増え、競争や挫折に慣れていないといわれます。そのため、就職活動でも周りに合わせて動き、第一志望の会社に落ちただけで心理的にダメージを受けてしまったりします。

しかし、昔といまで学生の資質や能力に差があるわけではありません。当社のアルバイトのように、学生のうちから「働く」ことの意味を考えることによって、意識が大きく変わります。その結果、第一志望の会社に入れたかどうかといったレベルではなく、自分らしい充実した就職活動を行うことができるようになるのです。

これは約五五〇〇人のアルバイトに接しての私の正直な実感です。


本書では、我が社の事例や私のこれまでのキャリアなどを通して、「働く」ことの意味や、社会人として成長していくプロセスについて語ってみました。

第一章から順に、就職前→入社後→社会人としてのステップアップという各段階でぶつかる壁やそれを乗り越えていく心構えなどをまとめています。

特に、当社で働く学生アルバイトや社員の具体的な姿を紹介し、そこから何かを感じ取っていただければと思っています。

本書が学生のみなさんと親御さんにとって、就職活動に取り組んだり、就職してから仕事と向き合ったりするうえでのささやかなヒントになれば幸いです。

株式会社ワン・ダイニング
代表取締役社長　髙橋 淳

「働く」を見つける　contents

第一章

〝自分〟を知る

フォローの風は吹いているが

アベノミクス以降、学生には就職活動にあたってフォローの風が吹いています。企業側の採用意欲は強く、選択肢が拡がり、就職氷河期といわれた頃に比べれば、正社員になれるハードルも下がっているようです。

当たり前の就職活動を当たり前にやっていけば、内定は取りやすいでしょう。業種や企業に対する強い思いがなくても、何社かを回れば、おそらく、内定はそこそこもらえます。

しかし、それほど強い思いもなく、「大手だから」「有名だから」という理由で就職すると、あとで痛い目に遭いかねません。

「はじめに」で触れたように、多くの企業の採用スケジュールが毎年変わっているのも気になる点です。今年二〇一六年の場合、大手企業では説明会から選考開始まで三ヵ月、その後、正式内定まで四ヵ月しかない短期勝負です。

しかも、学生ひとりが応募（エントリー）する企業数も半端ではありません。二〇社、三〇社は当たり前。一〇〇社以上というケースも珍しくないようです。これは、インターネットを使えるからこそ可能なわけで、一社ずつ封書で郵送していた昔では考えられない数です。

結果的に、学生のみなさんは、就職活動に対する「やらされ感」が強くなっているのではないでしょうか。大学の就職課や親から「早くから動いておかないとダメだ」といわれ、就職のノウハウ本やネットの記事などを読むと「少なくともこれくらいはエントリーすべき」とあり、友人から「もう一〇社は回った」といった話を聞くと、「自分もすぐエントリーしないと……」「とにかく行けるところから会社訪問しなければ……」となりがちです。

企業側も、ネットや説明会では自社にとって都合の良いことしかいいません。企業研究や会社訪問をすればするほど、「この会社がいいな」「あの会社も面白そうだ」と目移りしてしまいます。

しかし、その「いいな」「面白そうだ」という印象が、はたして自分の性格や価値観に合っているでしょうか。

就職に向けて〝自分〟の軸が定まらない状態では世間のイメージや周りの意見にひっぱられ、複数の内定をもらえば「どの会社にしようか」と迷い、入社してからは「ここでよかったのか」と後悔の念が出てきてしまいます。

自分起点の就職活動を

我が社の入社説明会の冒頭で、私はいつも、「今日からは自分自身のための就職活動、自分起点の就職活動をしてください」と強調しています。

就職して働くのは誰のためでもない、自分のためです。エコノミストやアナリストであれば、業績や財務状況などから企業の将来性を分析すれば良いでしょうが、学生のみなさんはそうではありません。

入社すればその会社の一員になるのですから、就職活動にあたっては第三者的な視点ではなく、当事者の視点で考えるべきです。

そもそも、就職というのは、自分と会社とのマッチングです。自分と会社の両方について分かっていないとうまくいきません。

まず、自分のことについてです。「そんなの分かっている」という人もいるでしょうが、本当にそうでしょうか。私が社長面接で、「自分の長所・短所を教えてください」と聞くと、判で押したように同じ答えが返ってきます。長所であれば「物事に集中して取り組むことができる」、短所については「集中するあまり、周りが見えなくなることがある」というものです。

いかにもマニュアルをなぞったような、薄っぺらい答えです。本人がどういう人なのか、まったく伝わってきません。つい、「この学生は自分としっかり向き合ったことがあるのだろうか」「自分を客観視できていないのではないか」「自分を偽るクセがあるのではないか」などと勘繰ってしまいます。

企業は面接に来ている学生について、長所にしろ短所にしろ、答えの内容自体をそれほど気にしているわけではありません。短所であれば、苦手なこと、自分に足りないと思うこと、人から「直すべき」と指摘を受けることなどを、そのまま、ありのままに答えてくれればいいのです。

ところが、それがなかなかできません。原因の一端は、周りにいわれたり、人の話を聞いたりして、慌てて就職活動を始めていることにあるのではないでしょうか。もしそうだとしたら、ちょっと待ってください。一度立ち止まり、自分のこれまでの人生を少し振り返ってみてください。

みなさんは、まだ若いとはいえ、二十年以上生きてきた間にはいろいろな出来事があったはずです。親や家族との生活、学校での仲間や先生たちとの出会い、自分なりに頑張ったこと、物事がうまくいって誇らしい気持ちになったこと、失敗や挫折で悔しい思いをしたこともあったでしょう。

そういうことをひとつずつ思い返してみるのが、「自分起点の就職活動」の出発点であり、〝自分〟を知ることにつながります。

〝自分〟を知るための質問とは？

私が社長として、採用面接で学生のみなさんによくする質問がいくつかあります。まず、「いままでの人生の中で、いちばん努力をして、その結果として感動したことを教えてください」という質問です。

単に、「どんなことに感動しましたか？」という質問だと、映画を観たり、小説を読んだりして感動したといったことも含まれます。そういう感動ももちろんありますが、何かについて自分なりの努力をして、その結果として得られた感動という点に私は注目しています。

実際、クラブ活動であったり、アルバイトであったり、学業であったり、いろいろなエピソードが出てきます。よくある答えは、努力した結果に達成感を味わったり、そのことで自分に自信がついたりしたというものです。努力の仕方や達成した成果などから、その人の価値観や人生の方向性がなんとなく感じ取れます。

中には、「自分の努力が他の人の成果につながり、それがうれしかった」という答えをする学生もいます。部活動で自分はレギュラーになれず補欠だったけど、常にチームを盛り上げるように心がけ、見事に優勝できた、といったケースです。

こういう答えを、企業経営者として、私はとても高く評価します。仕事の多くはチームプレーであり、自分ひとりで成し遂げられる成果には限界があります。ほかの人を支えて成果につなげたという経験やそれに感動したという価値観は、どんな企業でも高く評価されるものです。

面接において、長所・短所を聞いても、学生から薄っぺらな答えしか出てこないときは、「そんな長所・短所のある自分をひと言でいうと、どんな人ですか?」と、続けて尋ねます。

学生のみなさんは、「長所はプラス、短所はマイナス」という固定観念で考えがちですが、「どんな人」というのは、漠然としている分、その人の考え方や個性がにじみ出ます。

あまりにポジティブだったり、自分を過大評価したりしている人もいますし、なんだか自信がなさそうだったり、ちょっと卑下し過ぎではという人もいます。

答えは、なんでもいいのです。その「ひと言」が出てくる間合いや表情などに注目します。それによって、自分をどれだけ客観的に見ているかが分かります。

もうひとつ、私が面接で学生によく聞くのは、「将来、どんな人間になりたいですか？」という質問です。

これに対しては、「私は店長になってこんなことをしたいです」という学生もいますが、答えとして求めているものはそうではありません。人として、あるいは社会人として、将来、どんな人間になりたいか、です。

そして、「そういう人間になるにはどのような挑戦をするべきだと思いますか？」と聞いていきます。

これに対しても、曖昧にしか答えられない学生もいれば、具体的な答えをしっかり返してくる学生もいます。いずれにしろ、その返答からは、本人の価値観や目指す方向性が感じられるものです。


「いままでの人生でいちばん努力したことは何か？」

「その結果としてどんな成果が得られたのか？」

「そこで何を感じたのか？」

「自分をひと言でいうと、どんな人なのか？」

「将来、どんな人間になりたいのか？」

「そのためにどんな挑戦をしていくべきなのか？」


こうした質問を自分に対して投げかけてみると良いと思います。あるいは、親しい友人どうしで話し合ったり、家族に頼んで模擬面接をしてもらうのもいいでしょう。

その答えの中から、自分の得意なこと・やりたいこと・大事にしていることなど、就職活動にあたって自分の軸が浮かび上がってくるはずです。それが、〝自分〟を知るということです。

業種や会社をどう選ぶか？

就職は自分（学生）と会社とのマッチングであるといいました。会社について、学生は業種や企業を調べ、選択肢を絞っていきます。

業種というと、大きくは第一次産業（農林漁業）、第二次産業（製造業）、第三次産業（サービス業）という区別があります。実際によく使われるのは国の統計用の産業分類や株式市場の企業分類で、これは数十から一〇〇近い数にのぼります。

正直いって、私も全部は覚えていませんし、いまだによく分からない業種もあります。ましてや社会に出て働いたことのない学生のみなさんが、業種を選ぶといっても雲をつかむような話でしょう。

そのため、つい、身近に接して知っていたり、テレビや雑誌に広告をよく出している業種に目が行きます。また、なんとなく「あそこはかっこいいな」とか「ここはちょっと嫌だな」というイメージを優先させてしまいます。人気業種や人気企業のランキングは、そんなイメージを集約したものにほかなりません。

このことに関連して、最近、印象的な出来事がありました。二〇一六年一月、私は大阪市立大学経済学部に招かれて、一時間半、約一〇〇名の大学生と大学院生を前に「サービス業の生産性向上」というテーマで、我が社の取り組みの紹介を中心に講義を行いました。講義の後、出席者にレポートを書いてもらったところ、「外食産業＝ブラックと思っていたが、ワン・ダイニングは違うんだ」という声が圧倒的に多かったのです。

学生のみなさんの中にも、外食産業＝ブラック企業というイメージを持つ人は多いでしょう。しかし、個別の企業研究においては、業種のイメージだけで分かっているつもりにならず、ぜひ一歩踏み込んで調べてみてほしいと思います。

それに、最近のビジネスにおいては、業種の垣根がどんどん低くなっています。例えば、損害保険会社が介護事業に力を入れたり、ハウスメーカーが農業事業に参入したり、家電メーカーが不動産仲介ビジネスに乗り出したりしています。あるいは、国や自治体が行っていた事業を民間企業が引き受けるといった動きもあります。産業分類とは関係なく、実際のビジネスはダイナミックに展開しており、その傾向は、今後ますます強まっていくでしょう。

我が社もそうです。焼肉チェーンとして、一般的には飲食業や外食産業に分類されるのですが、ファミリーのお客様にゆっくりおいしい食事をしながら二時間の団らんを楽しんでいただく「団らんビジネス」が事業の本質だと考えています。そういう意味では、我が社の競合相手はアミューズメントパークや家族旅行、カラオケなのかもしれません。

いずれにしろ、これからは異業種が同じようなマーケットで競合するようになり、業種の違いというのはあまり関係なくなると思います。

また、どんな業種、どんな企業にも、営業・経理・人事といった共通する仕事があります。欧米と違い、日本では職種を限定しての就職は例外的で、ほとんどの企業では入社後に配属部署が決まります。社内では定期的な担当業務のローテーションも珍しくありません。

そう考えれば、就職にあたって本当に大切なのは、企業の理念やビジョン、そして、社風や風土だといえます。同じ業種でも、企業によって仕事の進め方ややり甲斐、あるいは成長できる度合いなどは全然違ったりします。

もちろん、業種や職種で会社を選ぶことは否定しません。ただ、別の視点として、企業理念やビジョン、社風などを基準にした会社選びもあるということをぜひ意識してみてください。

OB・OG訪問のススメ

理念やビジョン、社風などを基準に会社を選ぶにあたっては、OB・OG訪問がとても役に立ちます。先輩社員が自分の会社や仕事を語るのを聞くと、いろいろなことが分かります。

私もかつて、就職活動では多くの時間をOB訪問にあてていました。どういう企業に卒業生が就職しているのかを大学の就職課で教えてもらい、電話でアポイントを取って会いに行き、仕事のやり甲斐や苦労していること、仕事に対する考え方など、いろいろな質問をしました。それによって、その会社や仕事のイメージを自分なりにつかんでいきました。

いまでも、大学の就職課に行けば、卒業生がどの企業に勤めているかなどのアドバイスを受けられるはずです。ところが、最近の学生はOB・OG訪問をあまりしないと聞きます。ネットで調べて分かったつもりになっているのかもしれません。実際、ホームページ上には先輩社員のコメントがたくさん載っています。あるいは、いちいちOB・OG訪問するより、とりあえずたくさんエントリーすることを優先しているのかもしれません。

しかし、ネットに掲載されているコメントはいくらでも飾ることができます。ある意味、企業と就職情報会社の考えたストーリーに沿った「すべらない話」しか載っていません。それに対し、OB・OG訪問では社員の生の声を聞くことができます。

また、五〇社にエントリーして、その五〇社すべてのOB・OGを訪問する必要はありません。その中で特に気になる二〜三社について、二人くらいずつに会えば十分です。

ただし、会社が用意したリクルーターではなく、できれば、普通の社員に会うのが良いでしょう。話の内容だけでなく、その立ち居振る舞い、表情や雰囲気からもいろいろ感じ取ることができます。

会社の良い面も悪い面も知ったうえで、やはりその会社に入りたいと思うのかどうか――。それを確認することが、〝会社〟を知るということです。

面接準備のコツ

関心のある会社を選んでエントリーしたら、会社説明会などを経て、面接へ進みます。面接についてはたくさんのノウハウ本が出ていますし、就職情報会社のサイトでも解説されています。それらを参考に準備すれば良いでしょうが、ここでは我が社が面接をどのように行っているかを紹介しましょう。

我が社の場合、一次面接や二次面接では、面接というよりは面談しながら学生のみなさんと話し込むスタイルをとっています。

こちらからは、我が社に入社してかなえたい夢や目標は何か、そのためにほかの人と違ったどんな強みがあるのか、といったことを尋ねます。もちろん、学生のみなさんからの質問も受けますが、それは、おおむね、仕事の内容や福利厚生面についてが多いようです。

この段階で我が社が重視しているのは、私たち自身が自社の説明をきちんと行うことです。特に、経営理念である『価値ある経営』について具体的に細かく伝えます。なぜなら、その後の社長面接において、我が社の経営理念をどう思うかを私のほうから必ず聞くからです。

企業にとって「経営理念」というのは非常に重要です。学生のみなさんが考えている以上に、人事部や経営者は「経営理念」を重視しています。面接で志望動機について聞いたとき、「経営理念」についての話が出てこないと、当社についてあまり理解していないのかなあ、と残念に感じてしまいます。

ですから、面接の準備で真っ先に行うべきことは、その企業の経営理念を確認し、それを自分なりに解釈し、自分はどう思うかを語れるようになることです。

それができていれば、自分のこれまでの経験について話す場合も、経営理念に関連するようなエピソードが準備できるでしょう。志望動機について語る場合も、経営理念とのつながりが感じられれば好印象が得られます。

もうひとつ、面接の準備で意識してほしいのは、自己アピールの仕方です。自分の長所や短所について聞かれた場合、自分なりの言葉で長所や短所を挙げることはもちろんですが、長所からどんな成果につながったのか、短所からどんな失敗をしてしまったのか、それをどのように改善しているのか、といったことを簡潔に付け加えるのです。

我が社もそうですが、面接官は、応募してきた学生のこれまでの生き様や思いを知りたいと思っています。そうした面接官の意図を汲んで対応できれば、評価は大きくアップします。マニュアルをなぞったような答えは問題外ですが、投げかけられた質問に素直に答えているだけでも、ちょっと物足りません。

内定は相思相愛の結果

会社説明会・書類選考・合同面接・役員面接などを経て、「この学生を採用したい」と企業が判断すると、企業は学生に「内定」を出します。今年二〇一六年の場合、大手企業から口頭で内々の内定が出る時期は面接が解禁となる四年生の六月上旬以降になるでしょう。その後、十月に正式な内定が文書で通知されます。

内定とは雇用契約の予約です。新卒なら大学を卒業した後、四月一日を雇用開始日として、学生と企業が雇用契約を交わすことを意味します。

ただ、予約といっても、法的には「労働契約」の一種と解されており、企業側からの「内定取り消し」には様々な制約があります。一方、学生側からは、内定後に誓約書などを提出していたとしても、入社予定日の二週間前までに申し出れば、法的に問題はないとされています。ただし、辞退するのであれば、マナーとして、なるべく早く連絡するのは当然のことでしょう。

こうした手続き面とは別に、私が学生のみなさんにいつも強調しているのは、「内定というのは会社とあなたとの相思相愛の結果だ」ということです。

「この学生はうちで活躍してくれるだろう」と思った段階で内定を出す企業は多いでしょう。採用予定人数が多い場合は、頭数をとにかく揃えるために片っ端から内定を出す企業もあるでしょう。

しかし、我が社は「何人採用したいから」といった考えでは内定は出しません。そうではなく、学生のみなさんから「ぜひ、ワン・ダイニングで働きたいのです。なぜなら……」という覚悟をきちんと聞きたいと思っています。

現在、我が社の業績は安定していて、売上や店舗数も順調に伸びていますが、これから十年先、二十年先にどんなことがあるか分かりません。業態が大きく変化したり、ひょっとすると困難に直面しているかもしれません。

そのときに頼れるのは自分たちだけです。全社一丸となって突破していけるかどうかが問われます。新たな挑戦を始めたり、困難にぶつかったりしたときになって、ようやく全社一丸になろうとしても遅いのです。経営者としては、もっと前から、ひとつの旗のもとで同じ方向へ向かって頑張っていく組織ができていないといけないと考えています。

そのためには、就活中の学生であっても、「この会社で働くのだ」「この組織と一緒に成長していくのだ」という確固とした意志が確認できなければ、私は内定を出すわけにはいかないと思っています。

また、内定を出すということは、その人の人生だけではなく、将来、その人が家庭を持った時にはその家族に対しての責任も負うわけです。学生のみなさんが我が社で働きたいのかどうかがあやふやな気持ちなのに、未来に向けての責任を約束してもナンセンスです。

だからこそ、就職活動の段階で、当社で働くということに対しての覚悟をしっかりと持ってもらいたい。こちらも覚悟して、内定を出すのです。

「内定保留」という方法

ただ、実際には社長面接まで来ているにも拘わらず、「もうちょっと考えさせてください」「いい会社だとは思いますが、ほかの会社ともう少し比較をさせてくださ い」「親と相談させてください」という言葉が出てきたりします。

その場合、我が社では「内定保留」という方法を使います。

「分かりました。我々はあなたをぜひ採用したいと思っていますので、枠は設けておきます。ただ、あなたの意思がはっきりしないと内定は出せませんから、自分の意思が固まったら連絡してください」

お互いにとって、それでいいと思っています。他社では「この学生は良い」となれば、とりあえず内定を出して説得にかかるのかもしれません。でも、我が社ではやはりお互いの覚悟が大事だと考え、いったん保留にします。

さらに、内定者には入社前に、任意で、私たちの店舗でアルバイトをしてもらいま

す。期間は特に決まりはなく、一ヵ月でもいいし、数日でもいいのでお願いしていま
す。

店舗でアルバイトをしてもらうと、我が社の仕事のイメージがつかめるからです。
すでに我が社でアルバイトをしていた学生はいいのですが、そうでない学生の場合は
飲食業についての理解やイメージと現実との間に、意外にギャップがあったりします。
そこでもし齟齬（そご）があったら、お互いにとって不幸です。入社前に仕事の一端に触れて
いただき、さらにお互いの相思相愛を確認するようにしているのです。

この段階で、我が社の側から内定を取り消すことはありませんが、内定者から「ち
ょっと思い描いていたのと違います」ということで辞退してくるケースはたまにあり
ます。これも、私はいいと思っています。

会社にとっては、入社してから辞められるよりダメージは少ないですし、学生のみ
なさんにとっても入社後に辞めると、次は中途採用になってしまいます。入社前に内
定を辞退して、新卒枠で別の会社に入ったほうがいいはずです。

こうしたプロセスを経て入社してもらっているので、当社では家庭の都合などやむ

を得ない場合を除くと入社から一年以内の退職者はほとんどいません。具体的には、二〇一三年は〇人、二〇一四年は二人、二〇一五年は〇人、でした。

また、厚生労働省が公表している大卒の三年後離職率（二〇一二年三月卒・四月入社者）は、全産業平均で三二・三％、宿泊業・飲食サービス業では五三・二％です。一方、当社は二〇一三年三月卒・四月入社者で二五％（家庭の都合などを除くと十五％）で、はるかに下回っています。

鍼灸系大学から入社した社員

就職活動において〝自分〟を知るということの具体例として、我が社の新入社員を紹介しましょう。昨年二〇一五年の四月に入社し、現在（二〇一六年四月）、ワンカルビ泉大津店に勤務している嘉数雅貴君です。

嘉数君は学生時代には、鍼灸師を養成する、いわゆる鍼灸系の大学に通っていました。そして、一年生の十月からワンカルビ熊取店でアルバイトを始めました。

バイトをしようと思ったのは、実家を離れてひとり暮らしをさせてもらっていたので小遣いくらいは自分で稼ごうと思ったことと、将来は鍼灸とは別のマッサージ術の勉強もしたかったので、そのための資金を貯めることが目的でした。

最初の頃は学業のほうを優先していたので、テストの期間は全部休んだり、それ以外も週二〜三回くらい、夕方から四〜五時間だけ働いたりしていました。

嘉数君が我が社でアルバイトを始めた当初は、特に思い入れもなく、指示されたことをやるだけという感じだったといいます。

ところが、それから三年五ヵ月——。卒業間際までずっとアルバイトを続けることになりました。

これだけ続いたのは、自分の希望シフトで働けたことが大きな理由です。あらかじめ都合が悪いといえば休めるし、逆に週六日（シフトに）入りたいといえば、そのとおり働ける。その融通の利くところがありがたかったです。

もうひとつは、店舗の雰囲気が良かったこと。仕事がきちんとできるようになれば褒めてもらえ、できなければ「もっと頑張れよ」と励ましてもらえる。なんだか部活に似ていて、次第に自分も戦力にならないといけないと感じるようになりました。

嘉数君は、半年もすると、週五日のアルバイトをしながら、大学での勉強もきちんとこなすペースが身に付きました。

さらに一年くらいすると、店長や社員から「もう自分の判断で動いてくれていいよ」「アイデアとか意見があったらいって」といわれるようになっていました。

その頃から、自分ではバイトのリーダーのつもりでやっていました。リーダーとなると、人手が足りないときや急な休みが出たときのシフトについても責任を持たないといけない。きついですけど、逆に燃えましたね。「これだけバイトしながら大学の成績もトップクラスの自分ってどうや」というプライドが持てるようになりました。もちろん、卒業時には鍼灸師の国家資格をちゃんと取りました。

嘉数君は、アルバイトを続けることで得たものがもうひとつあるといいます。それは、人として、ひと回り成長できたという実感です。

もともとひとりで頑張るタイプで、他人に対してあまり積極的に意見をいったりするのは苦手だったそうです。

しかし、飲食店の仕事はチームでないと回りません。しかも、社員よりアルバイトの人数がずっと多い中、自分が労を惜しまず率先して動く姿を見せ、あるいはみんなのためにどうするのが良いかを最優先で考えることで、次第にアルバイトの中でリーダーシップを発揮できるようになったといいます。

もちろん、人によって考え方や意識は違い、ほかのアルバイトとぶつかったり、言い争いになったりすることもありました。逆に、いいたいのにいえずに悩むこともありました。

ある社員の人が異動してきたのですが、僕から見ると、その人はバイトによって態度が違うように見えたんです。いろいろと話をよく聞いてあげるバイトもいれば、放ったらかしみたいなバイトもいる。そうすると、バイトの間に温度差ができて、ぎくしゃくしてきたのです。

店舗をうまく運営していくうえでは、アルバイトどうしの人間関係はとても重要です。それぞれの考え方や価値観、事情は違うのですから、それを踏まえてバイト一人ひとりをよく見て、丁寧に対応してほしい。でも、それをアルバイトの僕がいっていいものかどうか、悩んでいたんです。

そんなとき、他店のある店長から、一回、話をしようと誘われました。以前、一緒に働いていて仲が良かった社員が異動先の店長に僕のことを話してくれていたみたいです。相談したところ、「相手が社員であってもいうべきことはいったほうがいいよ」とアドバイスをもらいました。

ある日、その社員の人と二人だけになったとき、意を決して自分の考えを伝えたら、「そんなつもりはなかったんやけど、もっと気をつけるわ」という答えでした。

その人はすぐにまた異動してしまったので何ともいえないのですが、やっぱり自分の思っていることをちゃんと口にしないといけない、言葉にしていわないと伝わらないんだと強く感じました。


我が社では、店舗の運営においては社員もアルバイトも同じ土俵で意見をいえる仕組みと風土を用意しています。だから、アルバイトであっても、その気になれば、仕事におけるこうした本気のやり取りを経験できるのです。

人の役に立って感謝される

卒業後の進路について、嘉数君は、もちろん、鍼灸師の道を目指すつもりでした。ご家族や大学の先生、同級生などもそういうふうに見ていたはずです。

しかし、嘉数君の選択は、我が社に入社することでした。なぜ、そういう決断をしたのか。
嘉数君が鍼灸師を目指したのは、もともと、体の調子が悪い人の役に立って感謝される仕事をしたいと思っていたからです。就職活動においても鍼灸関係の就職セミナーに参加したりしていたといいます。まさに〝自分〟の軸を持って、動いていたといえるでしょう。

ある日、店長から、「うち（ワン・ダイニング社）の仕事も人の役に立って感謝されるよ」とアドバイスを受けました。僕はそれまでずっとキッチン担当だったので、直接、お客さんと接する機会はほとんどありませんでした。でも、自分が仕事を通して後輩のアルバイトを助けたり、指導したりすることで、相手の成長をサポートするという経験をいくつもしていました。実際、後輩のアルバイトと食事に行って話をしていると、「嘉数さんと出会えてよかったです」といってもらうことが何度もありました。そういう形で、この会社でも人の役に立って感謝されるような仕事ができるんじゃないかと思ったのです。

それに、鍼灸師の仕事は何歳になってもできます。その前に、ほかの業界を一度見てみるのも面白いのではないかという考えもありました。

ただ、四年間、鍼灸の大学に行かせてもらったのに、アルバイト先の会社に就職するなんて、親はなんていうだろうかと、一時は悩みました。でも、思い切って正直に自分の考えを話したら「お前の好きなようにしたら」という返事でほっとしました。

高校時代、嘉数君は硬式野球部でピッチャーでした。一年の秋には先発メンバーに入り、エースとして頑張ろうという矢先、足の靭帯を痛めてしまいました。以後一年間くらいは練習できず、辞めることも考えました。そのとき、監督の先生が、「試合に出るだけが野球じゃない。日ごろやっていることが大事なんだ」と励ましてくれたそうです。

その先生は私立の強豪が多い県ながら公立高校を率いて甲子園出場も果たしたことがあり、野球の練習のみならず日常生活でも「人間力」を磨くことを徹底して指導されていたそうです。

嘉数君の「人の役に立つこと」への強い思いには、その先生の影響があるのかもしれません。

ちょっと話が大きくなりますが、僕は世の中を良くしていきたいんです。世の中を良くするには、まず、人として一人ひとりが良くなっていかないといけません。

この会社では、ひとつの店舗に四〇～五〇人の学生アルバイトがいます。社員として、彼らに自分の課題にしっかり取り組む姿勢とか、それこそ相手の目を見て挨拶するといった、人として大切な基本を伝えたいんです。彼らが卒業して、今度はいろいろな企業で活躍してくれたらうれしいじゃないですか。そういう人づくりをしていくことが、世の中のためになるのではないかと、僕なりに本気で考えているんです。

嘉数君の人づくりに対する考え方は我が社の経営理念とも一致するものであり、こういう意識の高い新入社員がいることは経営者としてうれしい限りです。

ただ、人生は長く、嘉数君にも、この先、様々な困難や壁が立ちはだかると思います。その時、会社として、あるいは、私自身がひとりの先輩として、彼を強く応援していくつもりです。

親御さんへのアドバイス

本章の最後に、学生のみなさんにではなく、保護者の方々にお伝えしておきたいことがあります。この本を読んでいる学生のみなさんは、私がこれからお話しすることを保護者のみなさんと共有してもらいたいと思います。

いま紹介した嘉数君にとって幸せだったのは、ご両親が彼の選択を素直に受け入れてくれたことです。多くの親御さんも、お子さんの就職にあたっての決定権はぜひ本人に持たせてあげていただきたいのです。

親御さんはそれぞれ、業種や企業に対する意見、見方をお持ちでしょう。ただ、その意見や見方が本人の考えや資質に合うかどうかは分かりません。特に、彼らが社会人としてバリバリ活躍するであろう十年後、二十年後には、企業を取り巻く社会や経済の状況は、いまとは大きく変わっているはずです。いまの時点での親御さんの意見や見方をお子さんに押し付けることはやめていただきたいのです。

一方、企業を判断するにあたって、変わらない尺度もあります。人を大切にする企業かどうか、人が成長できる風土があるかどうか――。そういった普遍的な尺度は、ぜひ、お子さんにアドバイスしていただければと思います。

また、本人から「この会社に就職しようと思うんだ」といった話があったら、本人の本気度合いを確認してあげてください。その会社にどれくらいの思いを持っているのか、その会社での仕事に対してどれくらいの情熱を持っているのか――。社会人の先輩として、本人がどれだけ本気なのかを見てもらいたいと思います。

就職というのは人生の大きな転機です。これまで親御さんの保護のもと、小学校から大学まで学生生活を送ってきたお子さんが、いよいよ社会へ出ていくステップです。

そのため、本人も親御さんも、どちらかというと、これから始まる新しい未来のほうばかりを見ている傾向があります。しかし、人生の転機というのは、ひとつの時代が終わることです。大学生にとっては、親御さんの庇護のもとで過ごしてきた段階、いわゆるモラトリアムが終わるのです。きちんとその「終わり」を認識することが、次のステップに進むには欠かせないといわれます。

親御さんがいつまでも過度に干渉することは、お子さんが次の段階、次のステップに進むための障害になりかねません。

お子さんの就職活動における選択を尊重するということは、その結果についての責任も本人が受け止めるということです。お子さんを突き放し、ひとりの大人、ひとりの社会人として扱う。それが、学生時代を終わらせることにつながります。お子さんが人生における次の段階へ進めるよう、手助けをしていただきたいと願っています。

そして、学生のみなさんには親御さんの意見やアドバイスを参考にしつつも、最後は自分で決断するという自覚を持ってほしいと思います。

自分は何が得意なのか、何がしたいのか、何をしているときに充実感を感じるのか。そうした〝自分〟があやふやなままで就職活動を行っても、決してうまくいきません。自分で決断するということは、その結果に対する責任も自分が負うということです。そういう厳しい覚悟を持って就職活動に臨むことは、みなさんが社会人としての第一歩を踏み出すために欠かせない条件なのです。

本章のテーマである「〝自分〟を知る」ということを、ぜひとも実践してください。

第二章

〝基本〟を徹底する

入社して、まずやるべきは〝基本〟の習得

〝自分〟を知り、会社をいろいろ調べたうえで就職活動をし、無事に希望する企業に入社したら、社会人としての生活が始まります。そこでまず取り組むべきは、〝基本〟の習得です。

ここでいう〝基本〟とは、相手の目を見て挨拶するとか時間に遅れないといった社会人としてのマナー・心構えと、それぞれの企業や業務における最低限必要な知識・スキルのふたつをいいます。

多くの企業では、新入社員を一堂に集めてビジネスマナーや会社の就業規則などを確認する導入研修、営業や製造などの現場を回る業務研修などを用意しており、長いケースでは、それが半年以上に及ぶこともあります。我が社も新入社員については、半年間、現場でのOJT（職場内訓練）と本部でのOFF-JT（職場外研修）を繰り返し行い、入社年の十月から店舗へ本配属しています。

社会人としてのマナー・心構え、業務における最低限必要な知識・スキル。これらふたつの基本を習得することで、新入社員は組織の一員として正式に迎えられ、また、一緒に働く仲間として先輩社員などから認められることができます。

私自身の経験を振り返ると、三井物産に入社して一週間の導入研修が終わった後、繊維部門でウールの原料を扱うセクションに配属されました。

三井物産には「マンツーマンリーダー制」という仕組みがあり、一年間、新入社員は先輩社員に付いて研修します。途中、貿易実務・与信管理・債権管理といった実務の研修もありますが、それ以外は朝から晩まで先輩社員に付いて動くのです。二年目からはひとりで仕事をしないといけないので、先輩の一挙手一投足も見逃すまいと必死でした。

私が付いた先輩は三十代前半の課長代理で、特殊な羊毛のビジネスを紡績会社と組んで行っていました。原料から糸までを扱い、顧客であるアパレルメーカーに仕入れてもらうという仕事です。かなり大きなプロジェクトで、交渉相手は役員クラスの方たちばかりでした。カーペットが廊下に敷きつめてあるような役員フロアにも新入社員の頃から出入りし、とてもいい勉強になりました。そんな機会を通じて、商社の仕事とはどういうものか、物産マン（商社マン）とはどうあるべきか、自分たちが扱う商品と取引先のニーズは何か、といったことを学んでいきました。

いずれにしろ、仕事の基本がきちんと身に付いていないと、「自分はこれが得意です」「こんなことをやりたいと思っています」といくらいっても、誰も耳を貸してくれません。

社会人としてのマナー・心構え、業務における最低限必要な知識・スキルというふたつの基本を習得するにあたって大事なのは、反復して体で覚えることです。最初は「なぜこんなことをやる必要があるのか？」と感じることもあるかもしれませんが、まずやってみないことには始まりません。

〝基本〟の意味を理解する

基本を身に付けるにあたって、「まず、やってみる」ことはとても重要です。かといって、何も考えなくていいわけではありません。基本というのは、ただ身に付けてマスターするだけのものではなく、もっと前向きに捉えるべきものだと私は考えています。

なぜなら、基本とは「簡単なこと」ではありません。ある目的を達成するために「欠かせないこと」です。基本をクリアしなければ、次の段階に進めないだけでなく、ゴールに到達することも無理なのです。

そこで、「なぜそうするのか」という理由や意味を理解する必要があります。挨拶や笑顔にしても、「なぜそれを行うのか」という意味が分かっていないと、行為自体が目的になり、「お辞儀では、体を何度傾けないとダメ」「とにかく口角を上げましょう」といったふうに形骸化してしまいます。

我が社では、例えば、新店オープンや店舗改装の際には一ヵ月から一ヵ月半の従業員研修を行っています。研修では、店内でのオペレーションや包丁の使い方といった実践的なことに入る前に、『いちばんの満足を』という会社のスローガンから、各店ごとに店長が決めている店舗ビジョン、チームワークの大切さなどまで、時間をかけて議論します。

こうした基本的な考え方をアルバイトの人たちに理解してもらっていないと、オープンしてから店長がちょっと厳しく指導したりすると、頭ごなしに怒られたように感じて反発したり、やる気をなくしたりします。一方、会社や店舗としての考え方が分かっていれば、なぜダメ出しされたのかが分かり、意識や行動を改善してもらいやすいのです。

当たり前と思えるような基本であっても、その意味を理解したうえで徹底すれば、それは「当たり前」ではなくなります。誰もが認める地力が身に付き、仲間や上司、お客様からの信頼につながります。信頼があれば、自分の意見も通りやすくなり、やりたいことをどんどん任されるようになるでしょう。

アルバイトでもここまでできる

我が社では、社員だけでなくアルバイトにも、このふたつの基本の徹底を求めています。それが仕事の地力を養い、本人の将来に必ず役立つからです。

基本の徹底の大切さについて、ひとりの学生アルバイトを紹介しましょう。ワンカルビ泉大津南店で働いている西口菜々実さんです（二〇一六年現在）。

彼女は高校三年生のときから我が社の店舗でアルバイトをしてくれていて、その期間はもう四年を超えます。

高校の部活が終わって、大学へ進学するまで、ちょっとバイトしようと思ったのがきっかけでした。昔から、なんでも「これ！」と思ったら続けるタイプなのですが、ワンカルビは家から近いので働きやすいことと、アルバイトながら仕事を通していろんな経験ができることで、こんなに長く続いているんだと思います。

西口さんは中学の頃から学年の総代表や合唱祭の指揮者、文化祭の実行委員長などを務め、何事にも積極的に挑戦するリーダータイプです。

そんな彼女にとって、ワンカルビでのアルバイトは、学校とはまた違ったチャレンジの場になっているようです。

ここでは、アルバイトであっても、お金を払って食事にいらっしゃるお客様に対する責任があり、基本については厳しくいわれてきました。それとともに、お客様の笑顔を直接見ることができ、「ありがとう」といってもらえると本当に元気が出ます。そういうところがサービス業のいいところだと気づきました。

西口さんはアルバイトを通して仕事の基本を身に付けただけでなく、基本をさらに徹底しています。例えば、私も感心したのが、彼女がいつも持っている「お客様メモ」と名付けた小さなノートです。新人だった頃、当時のアルバイトリーダーから「いまのお客さん、いつも西口のこと覚えてくれているけど、名前をメモした？」といわれたことで、つくり始めたといいます。

常連のお客様の名前はもちろん、誕生日だったり、好き嫌いであったり、気づいたことをなんでも書き込んでいます。その情報をもとに、マッコリをいつもカクテルグラスに氷を入れて飲むお客様がマッコリを注文されたとき、「今日もカクテルグラスに氷を入れてお持ちしてよろしいですか？」と聞くんです。ネギが嫌いとかワカメが苦手というお客様なら、スープを頼まれたときにあらかじめ抜いてお持ちします。

こちらからお客様の名前を知りたいと思ったときは、「いつも来ていただいてありがとうございます。私のほうばかり名前を覚えていただき申し訳ないので、もし差し支えなければお名前を聞かせていただけませんか？」とお声がけします。名前だけではちょっと忘れそうだなと思ったら、似顔絵を描いたりもします。

いま使っているノートは二冊目で、五十組くらいのお客様の情報が書き込んであり、私の宝物になっています。

社内では、アルバイトはもちろん、社員でも、ここまで接客の基本を徹底しているスタッフはいません。ぜひ参考にしてほしいと思います。

アルバイトリーダーに必要な〝基本〟

西口さんはこれだけ能力の高いアルバイトなので、二年ほど前に、店長が彼女に対してアルバイトリーダーへの昇格をお願いしました。

アルバイトリーダーというのは、文字どおり、アルバイトをまとめていく立場で、各店それぞれにフロア担当とキッチン担当が一名ずついます。時給も多少高くなりますが、それよりも、制服の名札が社員と同じ材質になります。我が社の各店では、多くのアルバイトがこのポジションを目指して頑張ってくれています。

西口さんの力量は、すでにアルバイトリーダーとしてふさわしいというのが店長の判断でした。ところが、最初は彼女自身に辞退されてしまいました。

（断ったのは）正直いって、後輩とのコミュニケーションが苦手だったからです。私は昔から年上の人や先輩とのコミュニケーションはすごくできて、遊ぶ相手もいつも年上の人ばかりでした。逆に、後輩の、特に女の子と話をするのには苦手意識がありました。

でも、アルバイトリーダーというのはアルバイト全員を盛り立てていく存在ですし、ときには先頭に立たないといけないこともあります。そのために欠かせないのは後輩からの信頼であり、後輩とのコミュニケーション力です。「その部分をカバーできるまで待ってほしい」と店長にはお願いしました。

それから半年くらい、いままで以上に後輩のアルバイトたちとの間で信頼関係を築くように心がけたんです。シフトに入る前の子には「今日は声出しを頑張ってね」「笑顔を絶やさないようにね」といった小さな目標を伝え、終わって帰るときには「今日はどうやった？　目標は達成できた？」とひと言ふた言でいいので声をかけるように心がけました。ほかにも、休みの日に後輩と一緒にご飯を食べに行き、仕事に対する私の想いや、後輩に対する期待を言葉にして伝えるようにしました。
そのうち、後輩のみんなが「菜々実ちゃんがリーダーだったらうれしい」っていってくれるようになったんです。

アルバイトリーダーにとって、最も必要な基本スキルは後輩のアルバイトとのコミュニケーション力です。仕事におけるポジションが上であったとしても、そのことだけで後輩のアルバイトたちがリーダーのいうことを素直に聞いてくれるわけではないからです。

そのことに気がついていた西口さんは、半年かけて自分なりに苦手意識を克服し、コミュニケーション力を磨いていったのです。我が社ではアルバイトであっても、西口さんのように自ら成長していってくれるケースが少なくありません。

こうして最初のお願いから一年半後、ようやく西口さんはフロア担当のアルバイトリーダーを引き受けてくれました。

会社の価値観を現場に浸透させる

アルバイトリーダーになってからも、さらに、西口さんは〝基本〟の徹底を続けています。

当たり前のことも当たり前と思わず、何にでも感謝していこう、誰よりもいちばん多く「ありがとう」という言葉を発していこうということは、リーダーを引き受けた時から特に意識しています。

だからいま、アルバイトのみんなに伝えているのは、どの店舗よりも「ありがとう」が多い店舗にしていこうということです。

フロア業務ではお客様の案内・注文対応・レジなど、担当がそれぞれ分かれているんですが、それが当たり前になると、案内担当者が「ご案内、終了」とインカム（無線式の同時双方向通信機）で連絡してきても「ＯＫ」で終わってしまいがちです。

そうではなく、「ご案内、終了」と流れてきたら、全員が「ありがとう」と返事するように提案し、取り組んでいます。

キッチン担当が注文の料理をつくって出してくれるのに対しても、フロア担当がその都度、「ありがとう」という言葉を発していこうと思っています。

さらに、開店前の準備中にお酒を配達してくれる業者さんに対して、いままでは「おはようございます」だけだったんですけど、店舗のみんなで「いつもありがとうございます」とお礼をいおうとしています。

こういうことをやっていくと、みんなの動きが変わり、店舗の雰囲気まで大きく変わるんです。

「ありがとう」をいうなんて簡単なことだと思うかもしれません。でも、その簡単なことを徹底することで、大きな変化が生まれる。そのことを西口さんは知っています。

我が社では、会社として共有したい価値観などをまとめた『スピリッツ＆スタンダ

ード』というマニュアルをつくっています。この中にあるスピリッツ（価値観）のひとつが、

［思いやり］＝私たちの仕事場は、いつも「ありがとう」が溢れています。

というものです。

西口さんはアルバイトでありながら我が社のこうした価値観をきちんと理解し、現場に浸透するよう実践してくれているわけで、経営者として、たいへんありがたいと思っています。

アルバイトミーティングという仕組み

西口さんが〝基本〟の徹底を行う際に活用しているのが、アルバイトミーティングです。

アルバイトミーティングというのは、各店のアルバイトが毎月一回、二〜三時間ほど集まって業務の改善や新人アルバイトの育成など、そのときそのときの店舗の課題について話し合う場です。どういうテーマについて話し合うかは、事前にアルバイトリーダーやリーダー格のアルバイトと店長で決め、ミーティングには店長や社員は原則として出席しません（出席した場合でも、発言を極力控えるようにしています）。

以前は店舗ごとに任意で行っていましたが、いまは会社として制度化し、参加者にはその分の時給が支払われます。一年ほど前からスケジュールが決まっており、アルバイトリーダーの呼びかけもあって、参加率は全店で九〇パーセントを超えます。

我が社では、このアルバイトミーティングが店舗運営の大きな原動力になっているのです。

先日のアルバイトミーティングで私が取り上げたのは〝発声〟についてです。

もともとワンカルビでは声出しを重視しているのですが、この数ヵ月間、前よりも発声がすごく減っていて、もう一度みんなに、「発声する意味から初心に帰っ

毎月、店舗の90％以上のアルバイトが参加し、自店の課題などを討議し、改善案を見つけていくアルバイトミーティング（写真上）。
複数店舗のアルバイトリーダーが一堂に会するアルバイトリーダー研修（写真下）は、他店リーダーとの議論が自分自身を成長させていく。

て考えてもらおう」と思いました。

ミーティングでは、キッチン担当とホール担当を混ぜた六～七人のグループをつくって、それぞれ、なんで発声をしないとダメなのか、発声する意味は何か、発声がなかったらどう思うか、そういうことをディスカッションして、いちばんいいと思う内容を各グループで発表してもらいました。

〝基本〟の徹底が生み出す成果とは？

〝基本〟の徹底を続けていくと、それは、必ず様々な成果に結びついてきます。西口さんの場合、後輩のアルバイトたちが大きく成長していったことがとてもうれしい成果だといいます。

この春（二〇一五年）、家族連れのお客様がいらっしゃったとき、アルバイトを始めて日の浅い高校生の女子に注文担当をしてもらいました。彼女はそれまではテーブル案内係だったんですが、初めて注文担当をやってもらったんです。

私はいつも後輩に、「お客様から褒められたら報告してね」といっています。誰でも褒めてもらうとうれしいじゃないですか。そのうれしさを一緒に分かち合いたいと思っているからです。

そのとき彼女が、「菜々実ちゃん、お客様に褒めてもらいました。笑顔を褒めてもらいました」って半分泣きそうになりながら報告してくれたんです。

私はすぐお客様のところに行って、「うちのアルバイトをお褒めいただいてありがとうございます。本人がすごく喜んでました」とお礼をいいました。

すると、そのお客様が、「こんなにおいしく焼肉を食べたのは初めてだ。どんなに高級な焼肉より、接客が素晴らしいお店で食べるほうがおいしい。ほんとに家族でも楽しめておいしい」といってくださったんです。

しかも次の日、そのお客様から本社へメールが来たという連絡がありました。アルバイトを褒めていただき、さらに本部にお礼のメールをわざわざ送ってくださったということが、リーダーとして本当にうれしくてたまりませんでした。

【お客様からのお礼のメール】

今日、泉大津南店に行き、リーダーの西口さんをはじめ、アルバイトの小浜さん、ほかの従業員さん、すべてが完璧な対応でした。今日ほどうれしくおいしく食事をさせていただいたことはありません。一消費者がこのようなことをいうのは変なのかもしれませんが、あの泉大津南店の西口さん、小浜さん、他従業員さんたちは、最高のスタッフだと思います。焼肉を食べるときは、必ずワンカルビ泉大津南店に行かせていただきます。

アルバイトリーダーとして〝基本〟の徹底を率先して行い、仲間たちにも浸透させていく。こうした経験を繰り返していくうち、西口さん自身も変わっていきました。本人にとって特に大きかったのは、人を褒める大切さを理解できたことです。西口さんはもともと負けず嫌いで、誰よりも努力する分、人を褒めることが苦手でした。人を褒めると自分が負けている気がしたからだそうです。

いまは全然そう思わなくなりました。人を褒めるということは、その相手の良いところを見つけられるということじゃないですか。相手の良いところを見つけられる自分もまたすごいなと思え、その自分自身を褒めようという気持ちに変わりました。そうやって、小さなことでも相手の良いところをみんなの前で褒めることが自然にできるようになっていったんです。

後輩や仲間を褒めると、周りの反応も変わりました。「気づきメモ」の内容が変わり、みんな、「今日はリーダーに褒めてもらいました。もっと頑張ります」といった声がすごく多くなりました。そして、みんながすごく楽しく働いてくれるようになりました。褒める大切さというのは、リーダーになってほんとに痛感しましたね。

西口さんのコメントに出てくる「気づきメモ」も当社の店舗運営の重要な仕組みなのですが、詳しくは次の章でお話しします。

アルバイトの西口さんを例に、基本の大切さ、その徹底の重要さを長く述べてきましたが、店舗レベルでは、例えば、毎月、MSモバイル（ミステリーショッパー＝覆面調査員のレポートを事前にスマホで見ることができる仕組みのこと）を活用し、ミーティング前に全員が閲覧するといった基本の徹底も見受けられます。

企業にとっても〝基本〟の徹底が不可欠

仕事において〝基本〟の徹底が大事だということは、個人だけでなく企業にとっても同じです。私が社長に就任した際の課題も、実は〝基本〟の徹底でした。

具体的にはこういうことです。飲食業では、食中毒を起こさないということは基本中の基本です。万が一そんなことになれば、営業停止処分になりますし、場合によっては高額の損害賠償を求められ、企業イメージへのダメージもはかりしれません。

そのために普段から調理場をはじめ、店内の衛生管理を徹底するとともに、キッチン担当の従業員には、毎月、検便の提出を求めています。

ところが、残念ながら、以前はそれが徹底できていませんでした。毎月の提出率が六〇パーセント程度しかなかったのです。

私が社長に就任していちばん始めに着手したのが、これを一〇〇パーセントにすることでした。毎月の会議でも、業績のことなどより検便のことばかりいっていました。飲食業としての〝基本〟を徹底できない者が、業績について語ったり、施策について議論しても意味がないと考えたからです。

こうして一年くらいがかかりましたが、全店で一〇〇パーセントを達成できるようになり、それ以降、現在までずっと一〇〇パーセントを維持しています。

次に私が取り組んだのが、会社の基本的な価値観をまとめ、それを全員で共有することでした。

それまでも、社是や経営理念はあったのですが、社長に就任してから全店を回り、店長と面談をしたところ、経営理念をきちんと覚えていない店長が結構いたのです。これには衝撃を受けました。

業績がいくら良くても、考え方を共有できていない組織は大きく成長することができません。何かの困難やトラブルに直面したとき、右往左往してしまうでしょう。

以前は、カリスマ性のある義父だからこそ社長が務まっていた面があります。創業者としての強烈な個性とリーダーシップがあれば、経営理念をいちいち口にしなくても組織をひっぱっていくことは可能です。しかし、私は中途入社の元サラリーマンです。とてもそんな真似はできません。

そこで打ち出したのが、「チーム経営」という方針です。チーム経営となれば、いままで以上に考え方や価値観の共有が欠かせません。

こうしてまとめたのが、先ほど少し触れた『スピリッツ&スタンダード』というマニュアルです。横一五センチ、縦二八センチほどの縦長のバインダー形式の冊子で、全部で一二〇ページほどあります。マニュアルといっても業務手順などをまとめただけのものではなく、会社としての考え方や価値観をはっきりさせることが狙いでした。

この『スピリッツ&スタンダード』の作成には、複数の店舗を統括するブロック長を中心に、幹部クラス十数名と社長の私、そして外部のコンサルタントによるプロジェクトチームで半年くらい時間をかけました。

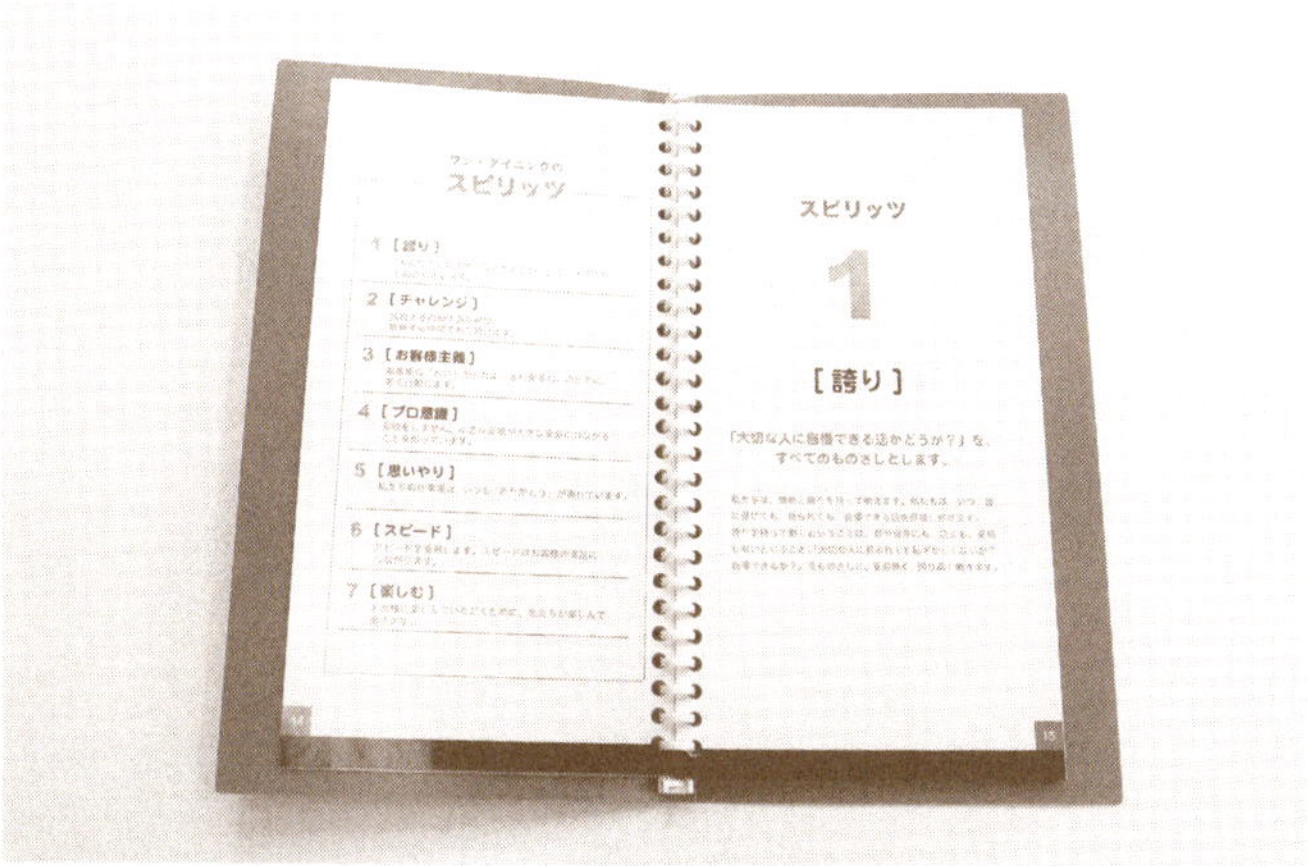

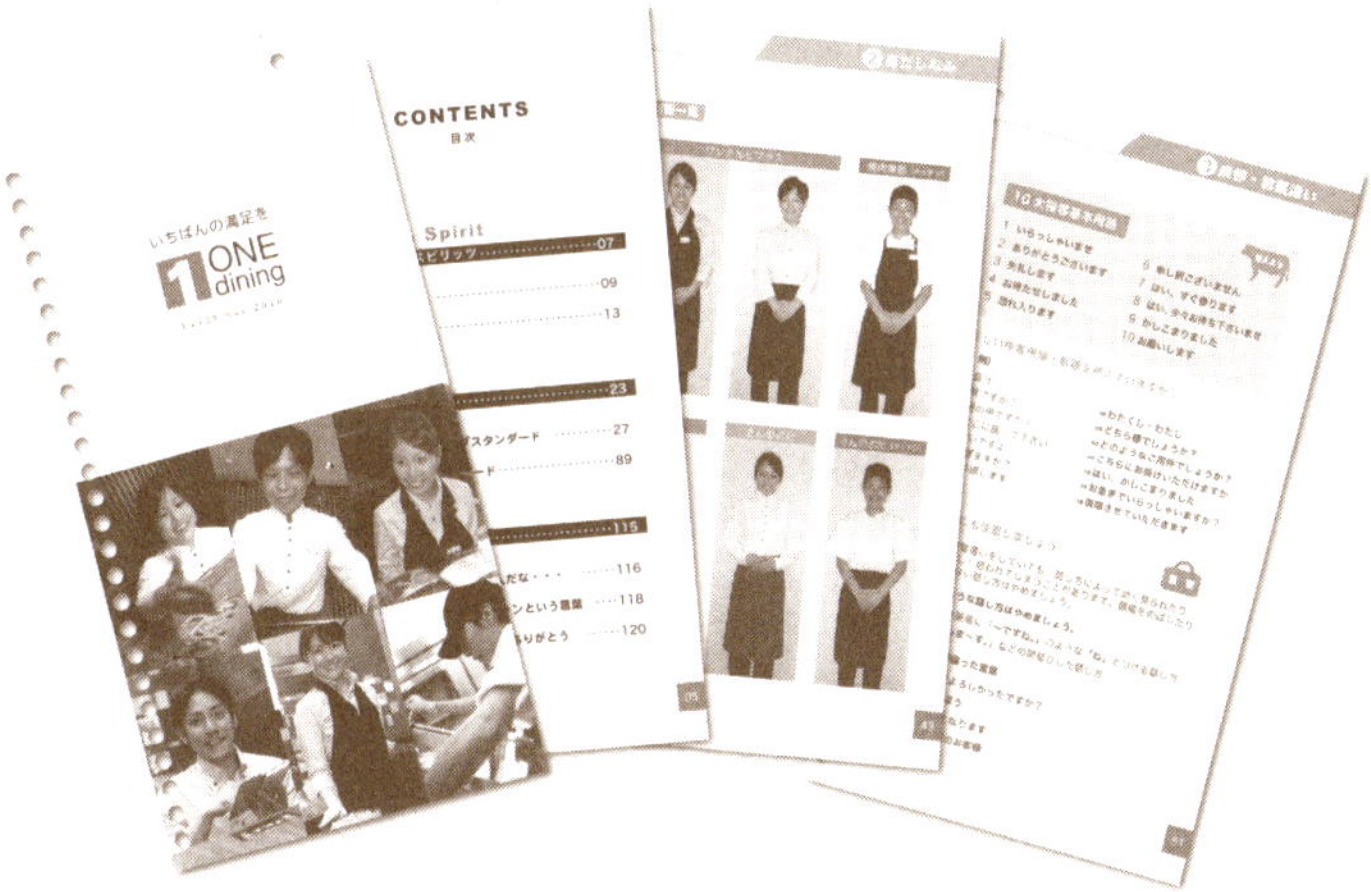

店舗運営マニュアルの『SPIRIT&STANDARD』(スピリッツ&スタンダード)。「スピリッツ」はホスピタリティあふれる接客サービスを提供するための価値観を、「スタンダード」は身だしなみ・挨拶・接客・商品管理・衛生管理といった基本知識や心構えをまとめている。オールカラー約120ページ。

最初、社内のメンバーには大切にしたい価値観をなるべくたくさん書き出してもらい、メンバーどうしで議論しながら『スピリッツ』をまとめていきました。

また、店舗における業務の基本として、「頭の中・心構え」「身だしなみ」「挨拶・言葉遣い」「おもてなし・接客」「商品・品質・衛生管理」「店舗環境・クレンリネス」などについて、約八〇項目を『スタンダード』として整理しました。

【ワン・ダイニングのスピリッツ】

1［誇り］

「大切な人に自慢できる店かどうか？」を、すべてのものさしとします。

2［チャレンジ］

挑戦する自分であり続け、挑戦する仲間であり続けます。

3［お客様主義］

お客様の「おいしかったよ、また来るね」のために、考え行動します。

4［プロ意識］

妥協をしません。小さな妥協が大きな妥協につながることを知っています。

5［思いやり］

私たちの仕事場は、いつも「ありがとう」が溢れています。

6［スピード］

スピードを重視します。スピードはお客様の満足につながります。

7［楽しむ］

お客様に楽しんでいただくために、私たちが楽しんで働きます。

『スピリッツ＆スタンダード』ができるまで、社内では、エリアごとに複数の店舗を指導するブロック長が一国一城の主といった感じでした。ブロック長は実力があり、個性派ぞろいで、それぞれの仕事ぶりを競い合う雰囲気さえありました。

しかし、企業として「それはちょっと違う」というのが私の考えでした。

例えば、接客の途中、空いているお皿を下げる「中間バッシング」という業務があります。この業務の考え方には二通りあって、ひとつは順番を待っているお客様がいるのであれば、食べ終わったお客様には「早く帰ってほしい」という雰囲気を出しながら行うという考え方です。もうひとつは、食後も広々としたテーブルでゆっくり楽しんでいただくために行うという考え方です。

どちらも考え方としてはありだと思いますが、我が社としては、『スピリッツ』にある「『大切な人に自慢できる店かどうか?』を、すべてのものさしとします」という価値観に照らし、明らかに後者が正しいということになります。

このように、会社としての価値観が明確に示されていて、それに基づいて現場が臨機応変に考え、行動するような経営スタイルにしたかったのです。

もちろん、以前のやり方からの切り替えにあたっては摩擦や軋轢がありました。それまでは自由にやっていたブロック長からすると、会社としてのルールとか理念とかいわれても「急になんで?」といった感じだったでしょう。本部から店舗へ派遣した導入担当者に対しての反発もあったようです。

しかし、担当者の熱意と努力によって、一年くらいで『スピリッツ&スタンダード』はほぼ浸透しました。

いまは各店舗に数冊ずつ置いてあり、新人アルバイトが入ってきた際のオリエンテーションで使うツールにもなっています。

「5S」へのこだわり

我が社の〝基本〟の徹底はほかにもいくつかあります。店舗内では「一旦停止」といって、厨房からフロアへ出る境目の場所でスタッフが必ず立ち止まり、通路を通る人とぶつからないよう安全確認をするようにしています。

また、三十秒タイマーを活用した二回の手洗い実施も、欠かすことのできない〝基本〟となっています。

飲食業ではよく「5S」ということをいいます。整理・整頓・清掃・清潔・躾の5つの頭文字からとったもので、手洗いは「清潔」のひとつにあたります。

「5S」へのこだわりに関しては、こんなエピソードがあります。

二〇一一年四月、ユッケ集団食中毒事件が起こりました。ある焼肉チェーン店でユッケを食べた一〇〇人以上のお客様が食中毒にかかり、五人が死亡、二十四人が重症となったもので、以後、生食用牛肉の提供基準が厳格化され、生食用レバーの提供・販売が禁止されるなど焼肉業界に大きな影響を与えた事件です。

ユッケは「焼肉業界のエースで四番」というべき人気商品で、それが日本中の焼肉店のメニューから消えました。また、焼肉に対するマイナスイメージが拡がり、業界では売上が二〜三割減る店舗が続出。しかし、ダイリキの焼肉店はむしろ一割ほど来店者数も売上もアップしました。

それは、なぜか。いろいろ調べ、私たちがたどり着いた結論は、ダイリキの店舗の衛生管理が支持されたということです。「焼肉はちょっと怖いけど、やっぱり食べたい」という人はたくさんいます。そういうお客様が、店内はもちろん、メニューリストからトイレまで清潔に維持されている「あの店なら安心だろう」と判断されたのです。

私たちは、焼肉店においても、価格や味だけでなく、安心ということがいかに重要かということに改めて気づきました。それらすべてが合わさって信頼になるのです。

それ以来、私たちは「信頼度係数」という考え方を導入し、店舗における5S（整理・整頓・清掃・清潔・躾）の取り組みをいっそう徹底し、信頼度をさらに上げるように努力しています。

〝基本〟の徹底ができないとしたら？

学生のみなさんも会社に入ったら、まずは〝基本〟の習得とその徹底を心がけてください。

ここでいう〝基本〟には、社会人としての基本的なマナーや習慣と、担当する業務において欠かせない基本知識およびスキルというふたつの意味があります。

人も会社も、〝基本〟の徹底ができていないとしたら、周りから信頼を得ることができず、自分たちのいうこともまともに聞いてもらえません。「なんでこんなことをやるのか？」という疑問があるとしても、〝基本〟を体に覚え込ませてください。

それと同時に、〝基本〟の意味も考えましょう。基本は「簡単なこと」ではありません。基本は、ある目的を達成するために必要不可欠なものです。それぞれの基本に込められた意味を理解しないと、形だけのものになってしまいます。

往々にしてあるのは、「これくらいはもう大丈夫」「意識しなくてももうできる」といった慢心や油断によって、基本が疎かになることです。

基本は常にそこに立ち返る原点です。仕事がうまくいかないとき、壁にぶつかったとき、スランプに陥ったときなどは、ぜひ基本に戻って、チェックしてみてください。

〝基本〟の徹底は、個人も会社も常に心すべきものだと、私は強く思っています。

第二章

〝気づき〟を深める

〝気づき〟がもたらすもの

第二章でお話ししたように、私たちが「働く」ということにおいても、会社が成長するためにも、欠かせないのが〝基本〟の徹底です。基本を徹底することで、初めて、私たちは社会人としてキャリアの階段を上がっていくことができます。また、個人の集合体である組織、つまり、会社もその発展が可能となります。

しかし、〝基本〟の徹底ができるようになったとしても、そこで満足していてはいけません。次は、〝気づき〟を意識する必要があります。

新入社員の頃は、何もかもが目新しく、毎日が刺激的です。ところが、年々そうした刺激も薄れていき、仕事への慣れが忍び寄ってきます。「この仕事はこんなもの」「これだけやっておけばいい」と、いわゆるルーティンワークをこなすことで一日を終えてしまうのです。

どんな仕事にも、課題や改善点はあるものです。世の中もどんどん変化しています。

日々の仕事の中で、顧客の課題や自分自身の改善点にどれだけ気づくことができるか、そして新しい挑戦ができるかによって、仕事のレベルやキャリアには大きな差がつきます。〝気づき〟がそのきっかけになるのです。

〝気づき〟を深めることによって、自分らしい働き方やキャリアをぜひ拡げていきましょう。

自分の考えに正直になる

では、どうすれば、仕事において、〝気づき〟を深めることができるのでしょうか。

ひとつは、自分の考えに正直になることだと思います。「そんなこと、簡単だ」と思われるかもしれませんが、我々日本人は、周囲の目をつい気にして自分を抑えてしまう傾向があります。自分の考えや感じたことを胸の中にしまい込んでいるうちに、そうした姿勢が当たり前になってしまうのです。若いみなさんの間で「KY（空気が読めない）」などという言葉が流行（はや）るのも、そんな傾向の裏返しではないでしょうか。

また、自分なりに考えたり感じたりすることをつい忘れてしまうということもあるでしょう。業務の正確性などを高めることは大事ですが、何も考えたり感じたりしないままの作業なら機械にでもできます。

自分の考えに正直であるには、意識的にそれを口に出したり、他人に伝えたりすることが有効です。周囲からは出しゃばりと思われたり、煙たがられたりするかもしれませんが、そんなことを気にしていては〝気づき〟の力はいつまでたっても身に付かないでしょう。

アルバイト大量辞職事件

この、「自分の考えに正直になる」という点で紹介したいのが、ワンカルビ姫路保城店の店長を務めている藤本恵さんです。

藤本さんは高校三年生だった二〇〇五年九月からワンカルビ泉大津店でアルバイトを始めました。

この仕事がすごく好きになり、そのまま就職できればと思ったのですが、そのときは高卒での採用がなくて、当時の店長から「少し期間を置いて本部と話してみるから」といっていただき、翌年の十一月に入社しました。

入社した頃は、まだ、女性社員は、店長がひとり、チーフがひとりしかいなくて、私が三人目でした。「女のくせに」なんて陰口をいわれたこともありましたが、性格的にあまり悩んだりしないタイプだし、この仕事が好きだったのでスランプを感じたことはありません。何か問題が起こっても、頑張ればなんとかなる、なんとかなるまで頑張ろうと思ってやってきました。

常に明るく前向きな彼女は、いくつかの店舗を移りながらチーフになり、店長代行から店長へと順調にキャリアの階段を上がっていきました。

ただ、失敗もいろいろありました。店長として二店舗目の北生駒店でのことです。彼女が異動してきた途端、五〇名ほどいたアルバイトが一斉に辞めてしまい、店舗のスタッフが八人しかいなくなったのです。

いちばんの理由は、アルバイトの子たちを私の求めているレベルにまできちんと育てられなかったことです。店長として異動してきたとき、ちょっとこのままでは働いてもらえないと思うアルバイトが多く、「それじゃダメ」と叱って、場合によってはシフトからはずしたら、どんどん辞めていったのです。

もちろん、アルバイトがいないとシフトが組めなくなることは分かっていました。でも、お客様にご来店いただいているのに「めんどくさー」と聞こえるようにいったり、身だしなみが乱れていたり、出勤時間を守らなかったり……。それではお客様に迷惑がかかります。きっと将来、アルバイト本人も困ることになるでしょう。譲れないところは譲れません。特に男子のアルバイトとは相当やり合って、その結果、ほとんど辞めてしまったんです。

会社にはずいぶん迷惑をかけました。毎日、オープンから最後まで近隣の店舗からヘルプ(臨時の手伝い)に来てもらい、それでも足りないときは遠く姫路のほうから来てもらったこともありました。

藤本さんが振り返っているように、人手不足で毎日他店からヘルプを送ることは会社としてはもちろん困りましたが、元はといえば、前任店長の指導力も不足していたのでしょう。アルバイトたちにすれば、店長が変わって急にいろいろ厳しく指導され、反発を感じたのだと思います。

その後、アルバイトを新規募集し、二、三ヵ月で店舗のオペレーションは通常に戻り、サービスのレベルもアップしました。当時の藤本さんの思い切った対応に、むしろ感謝しているくらいです。

私は思ったことを素直に口に出してしまう性格なんです。相手の良いところを見つけられたら「それ、めっちゃいいね」と褒めないと気が済みません。相手がブロック長であっても「それは違う」と思ったら口に出していおうと決めています。うちの会社はそんなふうに思ったことをいっても、みんなきちんと聞いてくれるから、私にはすごく働きやすいんです。

藤本さんにとって、我が社は普段から自分の考えや感性に正直でいやすい環境なのが良かったと思います。もっと堅苦しい、「上の言うことは絶対」といった組織であれば、藤本さんのような社員はその能力を発揮できなかったことでしょう。

もちろん、思ったことをなんでもかんでも自由気ままに発言すればいいということではありません。そこは藤本さんもしっかり意識しているはずです。そうだからこそ、後輩の社員やアルバイトは藤本さんの指示をしっかり受け止め、あるいは上司であるブロック長も藤本さんを陰に日向に支えているのです。

一段高い視点で仕事をする

ワンカルビ姫路保城店は、三年前に藤本さんが店長として立ち上げた新しい店舗です。新店なのでスタッフから店舗運営まで、藤本さんのカラーが色濃く反映されています。

各店舗の店長に作成してもらっている店舗経営計画書の中で、藤本さんは「人成に幸せを与えるお店」ということを店舗ビジョンにしています。人生の「生」を成長の「成」と書いているところが藤本さんなりのこだわりです。

自分たちの成長が将来につながったり、自分たちの成長でお客様が食事に来られたときに幸せな時間を過ごしてもらえたらいいなと考えました。オープンからずっとこのビジョンを掲げ、三ヵ月に一回はこのビジョンについて、自分たちがどこまでできているか確認しています。

また、ビジョンを実現するためのミッションを三つ設定しています。最低限これだけは心がけてやっていこうというものです。

一つ目が挨拶。相手が返事を返したくなるような挨拶をする、ということです。二つ目が思いやりの気持ちを持って返事ができる、ということ。三つ目が常に感謝の気持ちを忘れずに、ということ。この三つは毎日スタッフにいっています。

藤本さんはいま、女性初のブロック長を目指しています。ただ、ブロック長はそう簡単になれるポジションではありません。社内では、現在（二〇一六年四月）十三名しかいません。それまでの実績はもちろん、アルバイトや一般社員だけでなく店長を指導していくといったレベルの高い人材育成力とリーダーシップが問われます。

入社当初は、将来どうなりたいとかあまり考えませんでした。でも、店長になって、周りの人からたくさんよくしてもらったり、会社に迷惑をかけたりするうち、私にも何かできないかなと考えるようになりました。

ブロック長になろうと決めたのは、姫路保城店に来てからです。私がお世話になったブロック長は、みなさん、いろいろな人の成長・お店の発展・笑顔のために、いつもあれこれ気を配り、サポートしてくれています。今度は自分がそういうふうに人の役に立ちたいなと思ったんです。

もうひとつは、この会社にいる女性社員の目標になろうと決めたからです。いま働いていたり、これから入ってきたりする女の子たちが、「店長の次に（自分のキャリアを）どうしよう？」って考えたとき、ちゃんとここを目指せばいいんだというお手本に私自身がなろうと思ったんです。プレッシャーはありますが、私がやらないといけないと自分にいい聞かせています。だから、男性に負けずに頑張ります。

昨年、私が藤本さんと社長面談したとき、ブロック長を目指すという話を本人から聞きました。そのとき、私が彼女にアドバイスしたのは、「いまから自分がもしブロック長だったらどう考え、どう行動するのか、一段高い視点で仕事をしてほしい」ということでした。

そうすることで見える世界が変わり、〝気づき〟がいっそう深まり、次のステップへの準備ができるはずだからです。

社長のアドバイスどおり、「私がもしブロック長だったらどうだろう？」と考えると、なおさら私がこれまでブロック長にかけてきた迷惑の量が分かるようになりました。

私はたまに、従業員を優先する発想をしてしまうことがあることにも気づきました。お客様ではなく従業員のほうを向いてしまうことがあるんです。

しかし、飲食業では、まずお客様がいて、従業員がいて、自分がいて、という順番になります。私から見て、あるバイトの子が頑張っていたとしても、お客様から見て「ダメ」なら「ダメ」という判断をすべきです。個人としてアルバイトの子に向き合うのではなくて、お店としてお客様にまた次回来ていただくにはどうしなければいけないかを考える。自分の気持ちではなく、一歩引いて少し高いところから仕事を見ることができるようになった気がします。

もうひとつ気がついたのは、苦手を克服することの大切さです。数字のチェックや書類の整理は私が苦手な部分で、これまでたびたび指摘を受けてきました。ブロック長を目指すならもっとしっかりできるようにならないといけないと気を引き締めています。

藤本さんの〝気づき〟は、このように一歩ずつ深まっていっています。それが彼女自身の

成長となり、キャリアへとつながっていくはずです。
そんな彼女に、後輩の女性社員たちへのアドバイスも聞いてみました。

この会社かほかの会社かは関係なく、「女の子だから無理」とか「女子には向いていない」といった感じで言い訳をする人が時々います。でも、それはもったいない。女性ということを言い訳にしているようでは、どこへ行っても続かないと思います。
むしろ、接客の雰囲気が男性より良かったり、気づかいでリードできる部分があったり、女性だからこそ輝けるところっていっぱいあるはずです。ビジネスの世界で女性であることをマイナスと捉えず、プラスに捉えてやっていける人がぜひ増えてほしいですね。

我が社を含め、外食産業では多くの女性が働いています。本章のテーマである〝気づき〟という点でも、男性より女性のほうがきめ細かな感性で活躍しているはずです。

ただ、勤務時間が夜間に及ぶ点（当社では夜十二時閉店・十二時半退店が基本）、週末が忙しい点など、女性にとって働きやすい環境の整備にはいろいろな課題があるのも事実です。

そこで、我が社では、例えば一ヵ月単位の変形労働時間制によって勤務時間の調整を行い、休日については週休二日制（年間休日一〇七日）を導入、いまではその取得率は九五％を超えています。上司の指示によって時間外勤務を行った場合は、もちろん、一分単位で残業代を支払います。また、半期ごとの三連休・四連休の取得、育休明けの短時間勤務制度などの取り組みを進めています。女性視点で組織や制度を改革していくため、「ウーマンズプロジェクト」と称して、藤本さんなど女性店長五名から提言をもらったりもしています。

今後も、高い目標を持って挑戦する女性社員を、会社としてバックアップしていきたいと思います。

それまでとは別の視点を持つ

「気づき」を深めるには、藤本さんのように一段高い視点を持つということのほか、それまでとは別の視点を持つということも、とても有効です。私自身、このことを実感した経験があります。

前にもお話ししましたが、私は大学卒業後、大手商社の三井物産に入り、三十三歳のときに義父の会社（ダイリキ株式会社）に転職しました。

結婚した妻の実家に行くと、いつも義父から経営の話を聞かされ、だんだん「そういう世界も面白いかな」と思うようになったのです。三井物産での仕事は充実していました。年間何十億円というビジネスをほぼひとりで扱い、待遇も悪くなく、辞める理由は全然ありませんでした。でも、「経営」ということの醍醐味にひかれたのです。

義父は筋金入りの商売人です。高校中退で実家の家業である魚屋を手伝い始め、二十歳のときにはもう独立。最初は鯨肉を扱っていましたが、世界的に捕鯨禁止の動きが強まったので家庭用の焼肉商材を扱うようになりました。

ただ、当時は食肉業に対して世間の偏見もあり、なかなかプライドが持てなかったようです。転機になったのは、二十代後半で出かけたヨーロッパ旅行です。そのとき、フランスのパリで「ベルナール」という高級食肉店を見て衝撃を受けたそうです。肉屋とは思えないほど広く、清潔感が溢れる明るい店内、整然としながら購買意欲をそそる陳列、誇りを持って働く従業員たちの堂々とした振る舞い、店舗全体から醸し出される活気ある雰囲気――。

「こんな店を日本でつくろう」と、義父は決心しました。そして、総合食肉店を関西から名古屋、一時は首都圏へと展開し、外食事業にも乗り出していったのです。

もっとも、会社組織になっても中身は個人商店です。社員がプライドを持てる会社にしたい、将来は上場も考えたい。義父からそんな話を聞いて、三井物産での経験が多少は役に立つのではないかと思い、私はダイリキに移ることにしました。

しかし、実際は社風も経営の仕組みも違い、正直、面食らいました。担当も最初は店舗開発でしたが、外食事業に移り、さらに次は上場準備へと「鶴の一声」で異動。

カリスマ経営者・髙橋健次（現・株式会社ワン・ダイニング会長）が1965年に大阪府豊中市に開店した「大力」（写真左）。その後、総合食肉チェーン「ダイリキ」として大繁盛した（写真右は1982年・ダイリキ豊南店の歳末商戦の様子）。

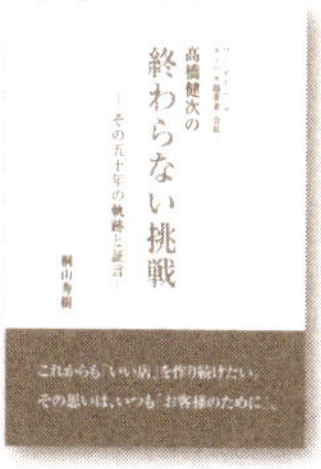

1992年、ダイリキは商店街から大型ショッピングセンターへの出店にシフトした。写真右は現在（2016年）の店頭の様子。写真左は、創業者・髙橋健次の経営者としての軌跡が綴られた伝記『終わらない挑戦』（桐山秀樹著：非売品）。

こちらの意向なんて関係なしです。ただ、それはそれで勉強になりました。自分の知らないことばかりで、いろいろな人脈もでき、視野が拡がりました。

さらに、二〇〇一年、私は一度、義父の会社を離れました。この年は九月十日に国内でBSE（狂牛病）が発生し、翌十一日にはアメリカで同時多発テロが起こり、さらに十四日にはダイリキの主要出店先である株式会社マイカル（全国各地に総合スーパーを展開していた総合小売業者）が経営破綻しました。立て続けに大事件が発生する中、またしても異動の話が出て、さすがに私も限界を感じて、辞表を出したのです。

さて、次の仕事はどうするか。それまで大手企業と中小企業の両方に勤め、また、営業から企画、人事など、いろいろな業務に携わってきました。そこで、経営コンサルタントになろうと考え、大阪にある、知り合いのコンサルティング会社に入りました。この会社での経験がまた勉強になったのです。

社長は大手の経営コンサルティング会社から独立した人で、当時、社員は七、八人くらいだったでしょうか。クライアント企業の営業力をアップさせることに定評があり、そこから、プロモーションや人事制度などについても指導するという、非常に実践的なコンサルティングを得意としていました。
顧客は主に中小企業です。大阪だけでなく、東京や社長の出身地である沖縄などに多数のクライアントを抱え、私もそのうちの何社かを担当して、全国を飛び回りました。

結局、この会社には一年半ほどいて、またダイリキに呼び戻されることになるのですが、中小企業の経営者が何に悩み、どんなことを考えているのか、経営改革を進めるとき何がネックになるのか、社員にはどういうふうにしないとトップの考えが伝わらないのか、いろいろな施策がうまくいくケースとうまくいかないケースでは何が違うのか――。そうしたことを現場で体得できました。まさに、私自身が〝気づき〟を深めていったのです。この経験がいま、ワン・ダイニングの社長を務めるにあたって非常に役に立っています。

ダイリキに戻った私は、今度は、人事・総務・経理など、営業部門以外の全般を担当することになりました。その中には何度目かの上場準備も含まれていました。

そして、会社の業績もなんとか回復しつつあったときに起こったのが、義父の大病でした。一ヵ月近く入院して手術をし、無事に退院したのですが、そのときに会社の将来のことをいろいろ考えたようです。

退院した直後の二〇〇八年一月、「食肉小売事業と外食事業のふたつに会社を分割する」と、またも鶴の一声があり、私には「外食事業の社長をやってくれ」という指示があったのです。

創業者でカリスマ性のある義父とは違い、私は普通のサラリーマンですし、自分で事業を立ち上げたわけではなく、外食事業もほぼ素人です。具体的に何をどうするというアイデアも当初はありませんでした。

ただ、私にはそれまでいろいろな会社で様々な仕事に取り組んできた経験と自信がありました。物事を、違う角度、違う視点から見る目も養ってきたつもりです。

こうして四十七歳で思いもかけず社長になった私は、自分なりの〝気づき〟をベースに、社員全員参加のチーム経営をやっていくしかない、そのためには人を育てなくてはならないと決めたのでした。

ピンチをチャンスに変える〝気づき〟

〝気づき〟を深めるということは、個人はもちろん、会社にとってもたいへん重要です。事業環境の変化に気づかずに経営判断を間違えたり、ライバルの動きを甘く見てシェアを奪われたり、ヒット商品にあぐらをかいて次の手を打つのが遅れたり、と失敗例は少なくありません。

逆に、〝気づき〟によって、ピンチをチャンスに変えることができます。実は、これこそ我が社のDNAといえるものです。

先ほどお話ししたように、義父は創業当初、鯨肉の小売を手がけていましたが、世界的な捕鯨禁止の動きが出てくると、先手を打ってホルモンを中心とした焼肉食材の小売に切り替えました。当時、ホルモンは一般家庭にはなじみの薄い食べ物でしたが、義父は独自のタレを開発したり、店頭で試食販売を行ったり、新しいことに次々と挑戦して、ファミリー層という新たな顧客を開拓していったのです。

また、一九八〇年代後半から一九九〇年代初頭にかけて、日本はバブル景気に沸き、ダイリキも大きく成長しました。しかし、その影で会社の存亡に関わる大きな変化の波が押し寄せようとしていました。

ひとつは、一九九〇年に大店法（大規模小売店舗法）が変わり、全国各地に大型商業施設やショッピングセンターが次々に誕生し始めたことです。その影響で、各地の商店街が大きな打撃を受け、閉鎖した店舗の連なりが「シャッター通り」といわれるようになったことはみなさんもご存知でしょう。

このとき、義父は取引先などから得た情報で、いち早くその変化に気づきました。それまで、ダイリキは各地の市場（いちば）や商店街に路面店を展開していたのですが、大店法改正の数年前から方針を転換。量販店やショッピングセンターへの出店を進めて、時代の変化にうまく対応したのです。

もうひとつの大きな変化は、牛肉の輸入自由化です。それまで牛肉の輸入は厳しく制限されていたのですが、一九九一年から自由化されたのです。

ダイリキは創業間もない頃から、輸入規制の対象外であったホルモンを扱っており、精肉の販売に乗り出してからも価格が安い輸入牛肉を数多く販売してきました。輸入規制のもとでは希望する数量の確保は難しかったものの、半面、輸入牛肉を販売する業者は少なく、比較的有利にビジネスを展開できました。また、輸入牛肉は冷凍で輸入されており、ダイリキは解凍に関して独自にノウハウを蓄積していたので、牛肉の輸入が自由化された当初は〝輸入自由化キャンペーン〟を行い、売上を大きく伸ばすことに成功しました。

しかし、輸入自由化と同じ頃、食肉業界に冷蔵（チルド）技術が普及し始め、特別なノウハウがなくても輸入牛肉を取り扱うことが可能になりました。そのため、当初は様子見だった大手量販店が一斉に参入。前述のようにダイリキも路面店から大手量販店やショッピングセンターへの出店に転換しており、消耗戦に巻き込まれるリスクが高まったのです。

「輸入牛肉の小売事業に加えて、それを活かしながらもうひとつ新しい事業の柱を作る必要がある。まだ小売事業で利益が上がっているうちに、新規事業の芽を育てないと、将来、危ない」――そう考えた義父が目をつけたのが、新しいスタイルのレストラン事業でした。会社を安定させ、さらに成長させるために、小売事業と外食事業の二本の脚で立つことにしたのです。

外食事業に進出するにあたっては、他社との差別化を慎重に検討し、「本格的な焼肉を居酒屋感覚で気軽に楽しめる店」をコンセプトにしました。こうして、一九九三年三月、大阪・梅田に「炙屋曾根崎店」がオープンしました。肉屋直営の焼肉店で、しかも、カット技術を駆使した鮮度の良いおいしい肉が手頃な価格で食べられるとあって、開店直後から瞬く間に評判となり、連日、行列ができる人気店となりました。

このようにして、ピンチをチャンスに変える〝気づき〟によって、ダイリキは外食事業に乗り出していったのです。

繰り返し訪れるピンチ

個人にとっても企業にとっても、ピンチというのは一度だけでなく、繰り返し訪れるものです。そういう意味では、〝気づき〟の機会も繰り返し訪れるといっていいでしょう。

さらに、我が社にとって最大のピンチだったのは、二〇〇一年九月の国内BSE（狂牛病）問題に続き、二〇〇三年十二月に発生した米国でのBSE問題です。これによって、国内の焼肉業界はかつてない大打撃を受けました。ダイリキの外食事業も一店舗あたりの売上がそれ以前に比べて四割も落ち込み、運営にあたっていた子会社は債務超過に転落。親会社のダイリキが吸収合併してなんとか持ちこたえていました。

このとき、義父は「どうしたら外食事業を立て直せるのだろう」と相当悩んだようです。とりあえず店舗を改装するとともに、自分たちの強みや価値はどこにあるのかをもう一度考え、気づいたのが原点回帰ということでした。

いまでもそうですが、焼肉チェーンの多くは、セントラルキッチン方式といって、大きな工場で肉をまとめてカットし、それを各店舗に配送してお客様に出しています。しかし、セントラルキッチン方式ではどうしてもフローズン（冷凍）肉を使わざるを得ず、チルド（冷蔵）肉に比べて味や鮮度が落ちます。

チルド肉は冷凍寸前の一～二℃の状態で保管されていて、カットした後、お客様に提供するまでの数時間、発色シートの上に置いておきます。こうすると、冷凍肉とは見た目も味も違い、新鮮な肉を味わえます。しかし、チルド肉は提供する当日に店内でカットすることが条件となり、そう簡単にどこでもできるわけではありません。

ダイリキでも、焼肉事業を始めた当初こそ店内カットでしたが、郊外へ大量出店するためセントラルキッチン方式に切り替えていました。それも、大手食肉メーカーに肉の調達からカットまですべて任せ、店舗には肉のカットについて技術や知識を持った社員がまったくいない状況になっていました。結果として、他社との差別化が価格だけになっていたことも、業績低迷の大きな原因だったのです。

義父はそこで、肉屋の原点に立ち返り、肉を店内で手切りすることにしました。そのためには、外食事業部の社員を小売店舗に派遣して肉のカットについて研修させたり、小売事業部の社員が外食店舗に足を運んでカットの指導をしたり、全社を上げて取り組む必要がありました。

義父は、お客様にもっと支持される新しい業態についても検討しました。「せっかく新鮮でおいしいチルド肉を店内の手切りで提供するのだから、ゆっくり食事を楽し

ワン・ダイニングの店舗では、「店内カット」と「店内調理」を実践している。従業員の肉のカット技術を継続的に向上させるため、2010年より、社員を対象とした「カット技術研修」を体系化し、年2回の「資格技術検定」を通して、カット技術の格付けを行っている。10等級ある格付けのうち8等級以上になると、順に「ジュニアマイスター」「ミドルマイスター」「シニアマイスター」の称号と特別な名札を与え、店長会議で表彰する。写真上下は「資格技術検定」の様子。

んでほしい」「お会計についても、一体いくらになるんだろうなんて気にしないで食べていただきたい」と考えました。

その結果生まれたのが、「二時間食べ放題」で、お客様はテーブルにいながらスタッフに注文すれば席まで商品を運んでくる「テーブルオーダーバイキング」方式だったのです。

それまでも焼肉の「食べ放題」はありましたが、人件費を抑えるために陳列ケースに肉を並べ、お客様がそれを自分たちで取りに行くという「セルフバイキング」方式がほとんどでした。制限時間も九〇分が多く、フロアを多くの人がしょっちゅう行き来し、食事をゆっくり楽しむ雰囲気ではありません。陳列ケースの肉も乱雑になり、ひと言でいえば「安かろう、悪かろう」というイメージだったのです。

それに対して、「二時間食べ放題」の「テーブルオーダーバイキング」方式なら、お客様はテーブルに座ったまま、おいしい食事を、ゆっくり、くつろいで楽しむことができます。同じ「食べ放題」といっても、その中身は全く違うのです。

こうして、「ワンカルビPLUS＋」と名付けた新しい焼肉食べ放題の店舗が二〇〇六年六月にオープンしました。「一体どれくらい支持されるのだろう」と、私も含めみんなおっかなびっくりでしたが、ふたを開けてみれば連日の大盛況。お待ちいただくお客様の列は、エントランスから駐車場にまで延び、店内は活気に満ち溢れていました。何より、食事を終えて帰るお客様の満足そうな笑顔を見て、「これはいける」とみんなが確信しました。

こうして既存店をすべて新業態に転換するとともに、新規出店もどんどん進めていき、復活の道を歩み出したのです。

〝気づき〟はこのように、ピンチをチャンスに変える大きなきっかけとなります。その伝統はいまも我が社に脈々と息づいています。

「気づきメモ」による習慣化

組織において〝気づき〟を深めるということは、個人以上に難しい面があります。一部の人がすごく重要なことに気づいても、それが他のメンバーにはまったく伝わらないというのはよくあることです。

そこで重要になるのが、〝気づき〟を習慣化し、共有することです。それには、仕組みをつくることが欠かせません。我が社が二〇一〇年から導入している「気づきプログラム」は、まさにその好例だと思います。

「気づきプログラム」は、社員とアルバイトの気づき力を高め、接客サービスの向上と人材育成を図るための取り組みです。

具体的には、毎日、各店舗に出勤したスタッフに、店舗のオペレーションの改善案やお客様の満足度向上に対する提言、一緒に働く仲間の良い取り組み、感謝の気持ちなど、なんでも良いのでメモしてもらうのです。

そのために、「気づきメモ」と名付けた、A4判の紙を四つ切りにしたくらいのオリジナルのメモ用紙をつくりました。気づいたことを書き込めるスペースを大きくとっていますが、下のほうにはそれを読んだほかのメンバーがコメントを書き込める余白があります。

連日、社員やアルバイトが帰り際などに手書きで書いた「気づきメモ」をスタッフ

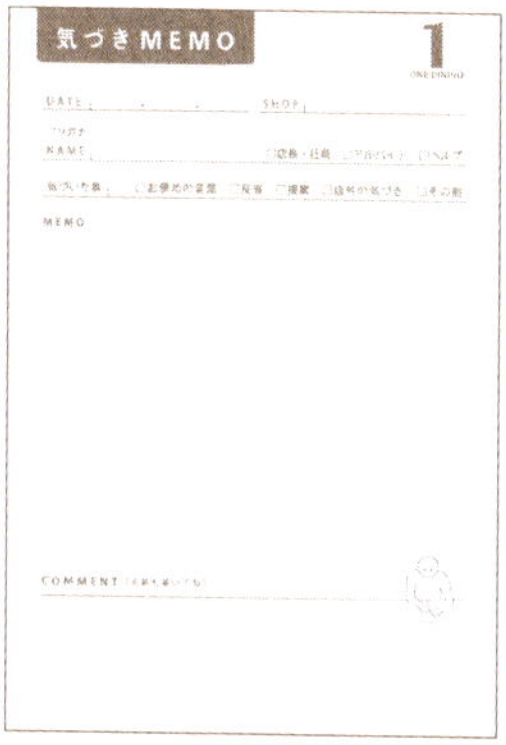

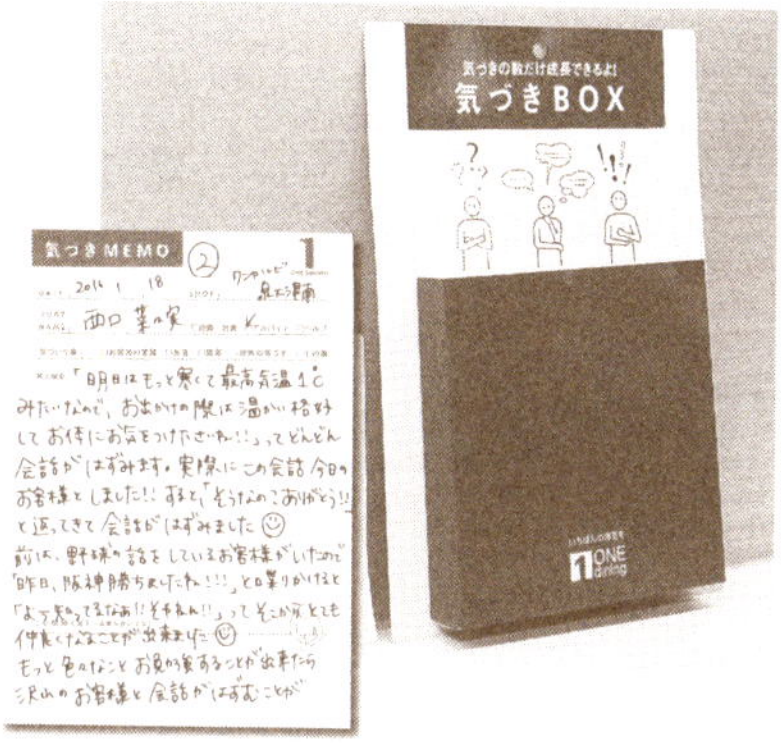

ワン・ダイニング社の店舗において、「気づきメモ」は欠かせない情報共有ツールになっている。店舗スタッフが規定の用紙に手書きし、各店舗にある「気づきBOX」に投函していく（写真上）。店長はじめ、仲間のスタッフたちがその「気づきメモ」に返信（コメント）し、店舗のバックヤードに掲示されることで、誰もが読める仕組みになっている（写真下）。

ルームの壁にすべて張り出し、店舗によっては何枚も重なり合うくらいになっています。ひとりで三〜四枚書いたり、ひとつのテーマで二〜三枚書くメンバーもいます。

それをお互い読み合うことで、誰がどんなことを考えたり、感じたりしているかが分かってきます。メンバー限定のアナログなSNSといった感じかもしれません。

いまでは、全店で毎月一万枚以上の「気づきメモ」が書かれています。その中から各店長がピックアップしたものが本部に集まり、月一回、私も必ず参加して、経営幹部による「気づきメモ読み合わせ会」を行っています。

集まったメモを一枚一枚読み上げ、優秀メモを選定し、毎月発行している「気づき通信」を通じて全店で共有するほか、半期に一度の経営方針発表会において、最も支持のあったメモを出してくれた店舗を「いちばんの気づき大賞」として表彰し、個人賞も設けています。この賞は、すべての店舗とアルバイトにとって大きな目標になっています。

「気づきメモ」の事例

ここで、実際の「気づきメモ」をいくつか紹介しましょう。

今日、八木ちゃんがあがったあと、インカムの送受信機がぐちゃぐちゃになっていたのが直されていて、きれいに整頓されていました。以前も下げ場のスプーン、トング、ハサミをもくもくと直しているところを目撃しました。そういうのを気づいて直せる人、素敵だと思います!!

みんなもそういうのを景色化しないようにしましょー!!

僕も気をつけて直せるようにします!!

(ワンカルビ岸和田店社員　嘉数雅貴)

今日仕事中にトイレに行き、出てきたとき、ちょうど目の前に3番卓に来られた新規のお客様がいました。ホールの人は挨拶と同時にお辞儀をしていますが、ホールの経験のない自分はどうしたらいいのか分からず、とりあえずすぐトイレのほうにひっこみました。こういった場合、キッチンもお辞儀ができたほうがいいんですか？

（ワンカルビ今津店アルバイト　佐藤駿）

駐車場整備をしてくれているおじちゃんに、日差しが強かったので飲み物を持っていこうと思いつつ、できませんでした。忘れてしまっていました。

二十二時過ぎ頃、中に来られた際、お飲み物をお渡しすると、ものすっごい良い笑顔で「ありがとう」といってくれました。熱中症になって倒れなくて本当に良かったけど、もっと早く渡していたらもっとおじちゃんのためになったかなと反省。

いつも整備ありがとうございます！ 感謝♡
（ワンカルビ春日店アルバイト 守部栞奈）

今日、バイトに入ると「65卓様が呼んでいたよ」と知らされたので65卓様に行くと、常連のおじいちゃん四人組のうちひとりの方が職場の方々を連れて食べに来てくださっていました。「ここの子たちは本当にいい子たちばっかりやねん」と職場の方々にいっていただけているみたいです。悪い噂はすぐ拡がるけど、良い噂はなかなか拡がらないってよくいうけど、うちらの頑張りは着々とお客様に伝わっているんじゃないかな。「大切な人に自慢できる店づくり」に頑張って良くしていこう！
（ワンカルビ王寺店アルバイト 浜田恵）

新人(アルバイト)さんがぞくぞくと入ってくる中、気になる発言をよく聞きます。「今日のメンバー弱い」とか、「このメンバーじゃ閉めがキツイ」とか、新人さんの近くでこのような会話をしていることが多々あります。それでなくても新人さん自身、「迷惑をかけてしまっている」と申し訳ない気持ちになりやすいのに、さらに不安を助長させてしまうのではないかと思います。いま一度、自分たちの発言、行動がどんな影響を生むのか振り返ってみてほしいです。

(ワンカルビ枚方店アルバイト　三野愛美)

気づきメモの店長の返信が私はとても好きです。長い気づきにも短い気づきにも、どんな気づきでも、その子の気持ちを読み取っていつもびっちり裏まで書いてくれる店長のコメント……。その気づきを書いた人もすごくうれしいと思います!!

店長の字は、正直あんまりきれいではありません。笑

それと字を書くときの紙と顔の距離めっちゃ近い。笑
まあそんなことは置いといて、店長のみんなへの返信を読んでいて最近感じるのが、気づきメモの良さって手書きっていう部分が大きいのかなぁって思いました。

店長の返信だけじゃなく、みんなが書いてくれる気づきも一緒です。字がきれいな人もそうじゃない人も、文章がうまく書けなくても、その人の字や個性や味があって、その人の字だからこそ伝わるものがあるんだと思います。
もしも気づきメモが手書きじゃなくパソコンや携帯で書くものだったら、自分自身ここまで本気で書いたり読んだりしていなかったかもしれません。気づきメモの大切さや良さを下の子たちに伝えようとするとき、いつもすごく難しいんですが、またひとつ気づきメモの魅力を知れた気がします!!! 店長、いつも心のこもったステキな返信ありがとうございます\(^^)/

（ワンカルビ泉大津南店アルバイト　大工千秋）

☆ボスとリーダーの違い☆

ボスは部下を追い立てる。
リーダーは人を導く。
ボスは時間どおりに来いという。
リーダーは時間前にやってくる。
ボスは失敗の責任を負わせる。
リーダーは黙って失敗を処理する。
ボスはやれという。
リーダーはやろうという。

結構長い間、リーダーをさせてもらっていますが、やっぱり何年たっても難しい！　でも試行錯誤して、自分なりのリーダー像を思い描いたり、実際に行動してみて結果や成果が出たときはすごくうれしいです。だけど、リーダー＝人の上に立つということばかり考え過ぎるとボスになってしまうときがあります。もちろんボスのような心意気が必要な場面もあると思います。でも私たちはアルバイトリーダーなので、バイトのみんなと一緒に頑張れる口だけじゃない姿を見せることが大切なのだと思います。どれだけ口でいっても、自分が行動しないとついてきてくれません。それに、私は下の子たちは自分（リーダー）の鏡だと思います。

だから、仕事ができていないときは、知識不足や新人ということもあるかもしれないけど、責め立てる前に自分自身を見直すことも大切かなと思います。果たして私もちゃんとできているかなぁ、みたいな感じで。で、伝えるときは、怒ること、注意することばかり考えるんじゃなくて、そのあと一緒に頑張ろうねっていってあげられるようなリーダーに私はなりたいなぁって思います。一人ひとりいろんななりたいリーダー像はあると思うけど、軸は必ず一緒やし、リーダーのみんな頑張ろうネ。

ボスでないリーダーになりましょう――!!

（きんのぶた北生駒上町店アルバイトリーダー　清水美月）

「気づきメモ」がどのようなものかをなんとなく分かっていただけたでしょうか。

書き込まれる文章は、もちろん短いものも多いですし、内容としては「？」なものもあるのですが、それでいいのです。まずはなんでもいいのでメモを書く。人（＝仲間）のメモを読む。そして、また書く。人（＝仲間）のメモにコメントしてみる。この繰り返しが多くの「気づき」を生んでいき、組織の力を高めるのです。

トップの強い意志が不可欠

ただ、この「気づきプログラム」を導入した当初は、メモがあまり集まりませんでした。アルバイトにとっては業務に直接関係なく、メモを書いたからといって時給が上がるわけでもありません。「なんでこんなことをしないといけないんですか？」という声が大半でした。

店長やブロック長からも、「本部がまた余計な施策を押し付けて」とか、「どうやって定着させたらいいのか分からない」などといった強い反発がありました。

店舗によっては、せっかくつくったオリジナルのメモ用紙がそもそも置いてなかったり、用紙はあっても筆記具が用意されていないことも少なくありませんでした。最初のうちはすべて手探りだったというのが正直なところです。私もどうすればうまくいくのかが分かっていたわけではありません。「気づきプログラム」の担当者が、業界内外での似たような取り組み事例を探し回っても、これというケースは皆無でした。

しかし、社長である私は、この制度は我が社に不可欠だと確信していました。やめるつもりはまったくありませんでした。毎月の「気づきメモ読み合わせ会」には必ず出席し、店長から上がってきたメモにはすべて目を通し、また、ブロック長の取り組みや現状報告に耳を傾けました。

一年くらいたった頃からでしょうか。ブロック長の中にも前向きに取り組んでくれる人が増えてきて、「メモに対してすぐにコメントを書くようにすると枚数が増える」「書いたメモはボックスに入れるのではなく、掲示板に貼っておくとみんなが見ている」といった成功事例が集まってきました。

そうした積み重ねによって、「気づきメモ」は店舗における情報共有やアルバイトのモチベーションアップ、そして、特にスタッフの〝気づき〟力の向上に効果があるということにみんなが気づいていったのです。

店長によって取り組み方は様々

「気づきメモ」をどのように使い、定着させていくかは各店長に任されています。次の第四章で紹介する辰巳君という店長の場合、「気づきメモ」が始まった当初はほかの仕事に追われ、ほとんど手がつけられませんでした。しかし、最近になって彼は次のように語っています。

シフトに入る回数が少ないなどでコミュニケーションがあまりとれていないアルバイトに対して、どう声をかけていったらいいのか考える中で、「気づきメモ」を使ってみようと思うようになりました。顔を合わせる機会が少ないなら、文章でのコミュニケーションをとっていこうということです。

まず、アルバイトが書いてくれたメモには全部目を通すところから始めました。アルバイトが「この前のメモどうでした？」と店長の僕に聞いてきたとき、僕が見ていないことが分かると「じゃあもういいや」となってしまいます。それが嫌なので、必ず目を通すようにしています。

返信については、とにかく返信のレスポンスを早くすることが優先。営業が終わってアルバイトの子たちがみんな帰った後に半分だけ書いたり、社員やアルバイトリーダーを巻き込んで一緒にコメントを書いてもらったりしています。そうしないと、アルバイトの子たちとの距離は縮まっていかないですからね。


先ほど紹介した藤本さんも、「気づきメモ」はこれまであまり活用できていませんでした。でも、アルバイトミーティングの中で、「気づきって大事だな」ということをアルバイトの学生たちが次第にいいだしているそうです。

うちの店舗の場合、アルバイトとは話をしょっちゅうしてますし、アルバイトミーティングにも私が毎回出席していたりで、あまり「気づきメモ」の必要性を感じませんでした。

でも、先月（二〇一五年十月）くらいから、ひとり一回（一枚）は書いてみようかという感じで取り組みだしています。私も、メモを見ると、その子の思っていることや考え方が分かり、私がいないときの店舗の様子を知ることもできます。気づきメモを貼っているボードの前で、ずっと見ている子も出てきました。アルバイトどうしのコミュニケーションが活発になっているのが分かり、効果を実感しているところです。

もちろん、私もコメントを書くようにしています。やってみると、私は結構出しゃばりな性格なので、最近は誰かがコメントを書いていても、そこにかぶせて追加でコメントを書いたりしています。

このように、店舗によって取り組みには差がありますが、いまや「気づきメモ」は、我が社の店舗運営において不可欠な仕組みとなっています。

アルバイト自身、「気づきメモ」を書き続けることで自然に〝気づき〟の力がつき、就職活動をする際にも良い効果が現れているようです。

例えば、我が社のアルバイトなら、企業の面接において自然に〝気づき〟の力を発揮し、面接官の質問の意図や本音を汲んで、臨機応変に受け答えすることができるでしょう。あるいは、アルバイトのエピソードとして、ただ頑張ったとか苦労したとかいう個人レベルの感想ではなく、「気づきメモ」の仕組み自体が企業における業務改善のPDCAサイクル（Plan：計画→Do：実行→Check：評価→Action：改善）と同じことを行っているので、一流企業の面接官から「それは面白い。もっと聞かせてほしい」といった反応を引き出したりできるのです。

「ミステリーショッパー（MS）」は外部からの〝気づき〟

我が社が〝気づき〟を習慣化する仕組みとしてもうひとつ活用しているのが、「ミステリーショッパー（MS）」という店舗評価制度です。これは、それぞれの店舗が常にお客様に「二時間の幸せ」をお届けできる状態になっているかどうかを客観的に見るために導入したものです。

外部の専門会社と契約し、依頼を受けた一般の消費者が覆面で（正体を明かさず）来店して、実際に食事をし、食事の内容や店員の対応など九十二項目に二〇〇点満点で点数を付けるのです。調査は毎月行われ、結果は店舗別ランキングにまとめられ、調査員が感動した接客サービスについてのコメントと併せて全店に配信されます。

各店の店長はもちろん、アルバイトにとっても、ミステリーショッパーの結果は自分たちの仕事のレベルを知り、他店と比較する絶好の手がかりです。良い点はさらに伸ばし、問題点については原因の追求や改善策を考える。毎月のアルバイトミーティングでも、ミステリーショッパーの結果がよく議題になっています。

さらに、半期に一度の経営方針発表会では、半年間のミステリーショッパー調査の上位店舗に「いちばんの満足度大賞」が贈られます。これもまた、「いちばんの気づき大賞」と併せて、すべての店舗のスタッフにとって重要な目標になっています。

ミステリーショッパーは、飲食業界や小売業界ではよく利用されているものですが、全店にわたって毎月実施している企業は多くはないでしょう。まして、店舗などの業務改善の仕組みとしてこれだけ体系化しているところはないと自負しています。

〝気づき〟を深めるために必要なこと

本章のまとめとして、〝気づき〟を深めるために必要な三つのことをもう一度、整理しておきましょう。

第一に、自分の考えや感性を信じることです。それには、自分に対する自信が根底になければなりません。第二章でお話ししたように、〝基本〟を徹底するほか、常に積極的に課題に挑戦したり、あるいは自分に対して厳しくあることなどが必要になります。

第二に、高い視点や別の視点を持つことです。これは現状に甘んじることなく、緊張感を持って仕事に取り組むことに通じます。例えば、現状よりひとつ上のポジションに自分がついたと仮定して物事を見たり、判断したりすると良いでしょう。

第三に、〝気づき〟を習慣にする仕組みづくりです。このことは、個人だけでなく組織にとってもたいへん重要です。ひとつの大きな気づきを得るのもいいでしょうが、それより、ほんの小さな気づきが、長くたくさん続くことのほうが大事です。

〝気づき〟をないがしろにしていると、いつしか現状に何の疑問も持たず、同じことを惰性で繰り返すだけになり、仕事のキャリアは停滞するでしょう。

店舗や会社も同じです。〝気づき〟の低下した店舗や会社は、サービスや商品のレベルが低下し、次第に顧客の支持を失っていきます。

学生のみなさんが生涯にわたって自分のキャリアを形成し、仕事を充実させていくために、本章でお話しした〝気づき〟の意味やそれを深める方法を、ぜひ参考にしてみてください。

第四章

〝成長〟を続ける

〝成長〟は人との関わりで実感するもの

社会人として、仕事の〝基本〟を徹底し、〝気づき〟を深めていけば、いろいろな場面で自分の〝成長〟を感じることができるでしょう。

我が社の社員やアルバイトが異口同音にいうのは、「自分の関わった人が成長したのを見るときに、自分の成長をいちばん感じる」ということです。

〝成長〟というのは自分ひとりのことではなく、実は周りの多くの人との関わりの中で実感し、また実現するものなのだと思います。

自分が成長し、自分の周りの人たちも成長する。その関係がスムーズに進んでいる会社は風通しが良く、事業も順調に伸び、人と会社が一緒に成長していくという良いサイクルが生まれます。

経済成長については、「もうGDPの伸びなど追いかける必要はない」といった議論がありますが、人や組織は常に成長を続けることができるし、また成長したいと願うのは自然なことだと思います。

「キャリアデザイン」の時代

仕事における成長は、具体的には、個人のキャリアのステップアップにつながります。

ただ、キャリアの道筋は人によって、あるいは、会社によって異なります。ひとつの専門分野を極めていくケースもあれば、様々なポジションや職場をローテーションしながら昇進していくケースもあるでしょう。途中で転職したり、まったく別の分野に飛び込んだりする場合もあります。

こうしたキャリアの道筋について、近年よくいわれるのが、自分自身による「キャリアデザイン」の構築です。

かつての日本では、終身雇用と年功序列のもと、ひとつの企業に就職すればそのまま定年まで勤めるというのが当たり前でした。キャリアの道筋は単線だったといえます。

ところが、いまや終身雇用も年功序列も崩れ、キャリアの道筋はいくつもあり、会社任せ、他人任せでは自分らしく働き続けることはできません。自分で考え、選んでいかなければならないという意味で、「キャリアデザイン」はとても大切です。

しかし、就職活動を成功か失敗かの二者択一で捉えてしまうのと同じように、「キャリアデザイン」を杓子定規に考え、ずっと先まできちんと計画しようとするのもちょっと違います。

人生は長く、将来どのようなことが起こるのかを予測するのは不可能です。就職がまさにそうですが、人生の岐路に差しかかったとき、考え悩みながら選択していく積み重ねが、「キャリアデザイン」になるのだと思います。

大切なのは、それぞれの岐路において「自分らしい選択」をすることです。その「自分らしい選択」の基準になるのは、やはり、自分は何が得意なのか、自分がやりたいことは何か、そして、どんなときに仕事のやり甲斐や充実感を感じるのか、といったことです。

就職活動の際の自己分析（第一章　〝自分〟を知る）は、会社に入って働き始めてからも、生涯にわたって繰り返し立ち返る原点なのかもしれません。

〝成長〟の主語は誰か？

〝成長〟について、私は少し気になることがあります。人事担当者に聞くと、会社説明会や集合面接でよく、「（御社は）自分をどこまで成長させてくれるでしょうか？」というニュアンスの質問が出るというのです。

学生のみなさんも成長を意識している人が多いでしょうが、主語は誰なのかが問題です。

成長はあくまでも「自分がする」ものであり、「会社がさせてくれる」ものではないと思います。もちろん、成長の機会や環境は会社と経営者が用意すべきものですが、そこに挑むのはみなさん自身です。いくらチャンスが多く、良い環境があっても、自分がどうしたいのかを考え、自分から動かなければ成長はありえません。

実は、これは就職活動をしている学生のみなさんに限ったことではありません。我が社における社長面談でも、店長に「将来、店長の先にどんなポジションがあるのでしょうか？」と聞かれることがちょくちょくあります。

それに対する私の答えは、「例えば、十年後、我が社の中で店長の先にどんなポジションがあるのかは分からない」というものです。

「社長がそんなことでどうする」と怒られるかもしれませんが、これだけ変化の速い時代、十年先どころか五年先についても、社内にどんな部門があり、どんな役職がいくつあるのかなんて、正直分かりません。

しかし、「ポジション（職場や役職）はみんなでつくり出すものだ」ということはいえます。例えば、当社は現在、関西と九州に店舗がありますが、今後、他のエリアにも展開すれば、それだけ店長のポジションは増えます。店長が増えれば、それだけ店長をサポートするブロック長の人数も増えます。会社がそうして成長していけば、本部のバイヤーをはじめ、間接部門のポジションも増えるでしょう。当社は障碍（しょうがい）者の雇用に積極的に取り組んでいますが、障碍を持つ人のポジションも増えていくでしょう。

「会社にどんなポジションがあるのか？」ではなく、「自分がこんなポジションをつくる」という意識を持ってもらいたいのです。もちろん、成長のチャンスや舞台をつくるのは会社と社長の役割であることは十分に理解しているつもりです。

人に対して熱い企業

キャリアは自分で考え、選び取っていくものだとはいえ、多くの会社では、入社後に一定のキャリアの道筋が用意されているはずです。

若いうちはそれに沿って目の前の仕事に全力投球し、その中で時々自分らしいキャリアになっているのかどうかを振り返ってみるのが良いでしょう。毎日のように、「この仕事は自分らしいキャリア形成に役立っているか？」なんて考えるのは不自然です。どんな仕事でも一定の時間とエネルギーを注いでみなければ、その本質をつかむことはできませんし、自分のキャリアにとっての意味も分からないでしょう。

とはいえ、「なんだか違うな……」と思うようになれば、なぜ違うと思うのかを考え、社内で異動希望を出したり、場合によっては、転職したりすることもあるでしょう。

せっかくですので、我が社におけるキャリアの道筋を紹介しましょう。まず、新入社員は半年間の仮配属期間を経て、店舗に本配属されます。

通常、ひとつの店舗には、店長と社員一〜二名、そして、五〇名前後のアルバイトがいます。社員は主にキッチン担当として、厨房内のオペレーションを担当します。キッチン内のアルバイトへ指示を出すのも社員の役目です。

しかし、我が社の店舗には業務経験において、また、仕事に対する意識やコミュニケーション能力などにおいて、新入社員より優秀なアルバイトがたくさんいます。多くの新入社員は店舗に配属された当初、相当なプレッシャーを感じます。「それで社員なの?」といった視線を浴び、心が折れそうになることもあるようです。

そこで、店長が新入社員とアルバイトの間に入るほか、他店のベテラン社員が新入社員の悩みを聞いてアドバイスをしたり、人事担当者が定期的に面談を行ったりします。また、毎月一回、彼ら新入社員を対象にしたフォロー研修があり、同期が集まることでみんなが同じような悩みを抱えていることも分かります。このように、新入社員については二重三重の手厚いサポートを用意しています。

さらに、新入社員が「辞めたい」といってきたときのフォローにも全力であたります。引き留めに成功することもあれば無理なこともあるのですが、私のところに上がってくる「退職に至るまでの経緯」を読むと、店長や同僚社員が何回も話し合いをしたり、「もう少し頑張ろう」と説得したりしています。彼らの熱意にはいつも頭が下がる思いです。

いろいろな方から「ワン・ダイニングは人に対して熱い」といわれますが、それは社員の成長に、できる限りの時間と手間をかけて取り組んでいるからだと思います。

我が社のキャリアステップ

我が社では多くの場合、社員として現場での経験を積んだら、二十代後半で店長代行となり、三ヵ月の試用期間を経て、店長になります。

店長は現場の責任者です。ひとつの店舗の運営を任され、業績の責任のみならず、社員と多くのアルバイトで構成されるチームをまとめ上げ、彼らのモチベーションや能力向上のためのリーダーシップが問われます。

二十代後半で店長というのはちょっと早いと思われるかもしれませんが、我が社のような成長企業では若手に活躍してもらうことが経営の最重要テーマとなっています。そのため、日常の業務全般からキャリアにおける能力開発まで、店長の支援にも力を入れています。

例えば、毎月、一日かけて店長会議を実施するほか、上司のブロック長による巡回指導、本部による様々なサポート、年二回の人事考課、さらには年一回の社長面談などがあります。

毎月の店長会議は、第一部で業績報告、店舗での取り組み事例の発表、社長からの方針発表などを行います。第二部ではブロックごとに分かれて、問題点の共有や課題に対する改善策の検討を行います。店舗の情報や課題、取り組み事例などを共有することで、多様な視点から解決を図ることが狙いです。そして、会議が終わった後は食事会を開き、店長どうしの横のつながりを深めています。

年二回の人事考課も、若い店長の成長を促す重要な機会です。能力考課・職務遂行結果・行動評価という三つの領域において、三〇以上の評価項目を設定。それぞれに五段階の評価基準を明示したうえで、本人・上司（ブロック長）・役員による評価を行います。

さらに、店長については三六〇度評価を年一回実施しています。三八の項目について、店長自身のほか、同じ店舗の社員とアルバイトにも五段階評価や自由記入をしてもらい、各項目についての点数やコメントを集計するのです。人事考課とは連動しませんが、店長にとっては身近な部下からどう見られているかを知る貴重な機会になっています。

店長の次のキャリアについては、現時点でいくつかの選択肢があります。

ひとつは、前章で紹介した藤本さんも目指しているブロック長です。エリアごとに一〇ヵ所程度の店舗を担当し、店長をサポートしながら、各店舗の運営指導を行います。我が社の成長を支えるまさにキーマンであり、社内でも一目置かれる存在です。

もうひとつは、人事や教育研修・総務・経理などの本部スタッフの道です。これらの業務は専門性が高いものの、現場の店舗経験のあることが大きな強みになります。専門知識と現場経験を融合させながら、キャリアを高めていくことができます。

さらに、現場で店長を続ける道も用意しています。主力ブランドである「ワンカルビ」や「きんのぶた」のほか、最近は、より小規模で、スタッフの人数も少なく、オペレーションのしやすい新しい業態である「ワンカルGRILL」を展開しています。中には独立を考える社員もいるので、店長としての独立支援制度もあります。

このように複数の選択肢を設けることで、多くの人材が当社において成長を続け、自分らしいキャリアを全うしてくれることを願っています。

手切りの新鮮お肉を提供する、焼肉テーブルオーダーバイキング（食べ放題）の「ワンカルビ」（写真左上）。和豚もちぶたと旬の野菜を提供する、しゃぶしゃぶテーブルオーダーバイキング（食べ放題）の「きんのぶた」（写真右上）。選び抜かれた国産牛を提供する、テーブルオーダーバイキング（食べ放題）の「あぶりや」（写真左下）。本格的なお肉料理を炭火焼で提供する、「ワンカルGRILL」（写真右下）。

目の前の壁を乗り越える

キャリアにおける成長ということで紹介したいのが、ワンカルビ尼崎店の店長である辰巳浩章君です。

彼は二〇〇七年二月からワンカルビ王寺店でアルバイトを始めたのですが、当時二十五歳。大学を中退し、それまで親元でぶらぶら過ごしていました。

でも、やっぱり何かしないといけないと思って、求人誌でちょうど新規オープンのためのアルバイトを募集しているのを見つけたんです。

一度、食品スーパーのレジのバイトをしたことがあり、接客業の面白さは少し感じていました。それと、新規オープンならアルバイトは全員がゼロからのスタートで、年齢をそれほど気にしなくていいかなと思ったのです。

ホールの接客係としてアルバイトを始めた辰巳君ですが、家ではお父さんが定年退職を迎えることになり、「次はきちんと就職して、自分で生活できるようにしろ」といわれていました。

なんとかアルバイトを始めたのに、次はすぐ就職活動といわれてもどうしたらいいか分かりません。店舗内で店長に、「就職活動もしないといけなくて……」と何気なく話をしたら、「それなら、うちに来ない？」と誘われたそうです。

我が社では、新卒採用は本部で一括して行っていますが、中途採用については店長が「この人材こそは……」と思うアルバイトに声をかけるケースが少なくありません。もちろん、本部と相談のうえですが、現場の判断が基本的に尊重されます。

このときも、店長からの推薦で辰巳君を社員採用することの検討が行われました。推薦理由としては、高校時代から剣道部で活躍し、教師を目指していたこと、大学はケガのため中退してしまったけど、真面目な性格で自分を変えるために一歩踏み出したいと考えていること、などが挙げられていました。

推薦した店長も社内で評価の高い社員だったので、話はとんとん拍子に進み、新年度から社員になる予定が四ヵ月ほど前倒しになりました。

「社員に（ならないか）」という話をもらって、正直うれしかったですね。アルバイトとして働いているときに楽しかったですし、その店長が新店オープンというたいへんな中、常に笑顔で元気な人で、その魅力に惹かれた部分もありました。また、会社としてこれから食べ放題の店が増えていくという話を聞いていて、ぜひ挑戦してみようと思いました。

生まれて初めて履歴書を書いて、スーツにネクタイ姿で役員面接を受けたのですが、緊張し過ぎて何を喋ったのかまったく覚えていません。

こうして社員になった辰巳君は、王寺店でさらに半年間ほど勤務しました。社員として責任の重さを感じる部分もありましたが、メンバーは変わらず、仕事をするうえで支障はなかったといいます。また、王寺店は研修用の店舗に指定されており、他店のアルバイトや社員が入れ替わり立ち替わりやってきます。いろいろな人と話をしたり、教えてもらったりしたのも、会社に馴染むうえで良かったようです。
社員になって半年後、今度は滋賀県で初めてとなる草津店のオープン担当に指名され、チーフに昇進しました。一般社員とチーフの仕事はそう大きく違うわけではありませんが、食材の在庫管理と発注、アルバイトの指導・育成などの責任がより大きくなります。

もともと社員になったとき、まず目指すところはチーフでした。絶対、僕より先に入った新入社員より先にチーフになろうという気持ちは常に持っていました。何をしたらいいか分からないことも多かったので、指示されたことは絶対にやりきろう。何ができるかできないかは置いておき、気持ちだけは負けないようにしようと思っていました。

こういう前向きな姿勢は、日々の仕事に表れるものです。その後、辰巳君は大阪東部にある若江南店の店長代行を経て、三ヵ月後には店長に昇格しました。社員になってからわずか一年半後のことです。自らの成長がキャリアにスムーズにつながったといえるでしょう。

しかし、そこで壁にぶつかりました。店長としてのリーダーシップが発揮できなかったのです。

店長になるまでは、勢いだけで駆け上がってきたようなものです。でも、店長の仕事は勢いだけではできません。自分の中の引き出しが少な過ぎて、何か問題が起こったときの対処が全然できず、頭打ちを食らった感じでした。

例えば、アルバイトどうしが考え方の違いから揉めたり、言い合いになったりしたとき、一方のいうことだけを聞くと、当然、他方は反発します。店長として「じゃあ、こうやろう」と自信を持っていえたら良かったのですが、アルバイトの顔色を見て、どっちも傷つけないように、嫌われないようにと考えて、何もいえなくなっていたんです。

入社したとき、ある先輩から「辞めたいと思うときが何回かは来るけど、踏ん張ってやっていたら絶対に前に進めるから」といわれ、「なんでそんなことをいうのかな?」と思いましたが、そこで初めて、「こういうことか……」というのが分かりました。

そのとき、辰巳君の心にはコミュニケーションに対する恐怖心が生まれていました。自分はがむしゃらにやっているつもりなのに、周りは全然ついてきてくれない。ひとりで空回りしているような感じがしたのです。〝成長〟が止まっていた、といっても過言ではありません。

ようやくそこで、みんなの力をひとつにしていかなくてはいけないということに辰巳君は気がつきました。

きっかけになったのは、その頃、会社として導入した「ミステリーショッパー」です。第三章で触れましたが、これは一般の消費者による覆面調査制度です。本社社員も店舗スタッフもいつどの店舗に来店するのかは分かりません。

初めてのミステリーショッパーは、若江南店で店長代行のときでした。自分としてはできていると思っていたのに、評価は二〇〇点満点中一四三点。しかも、その点数は、自分が店長になってからもなかなか上がりませんでした。

これはヤバいと思っていたら、リーダー格のアルバイトの間から「店長、ちょっと何かやりませんか？」「僕らはこうしたいんだけど、店長はどう思います？」というふうにいってきてくれたのです。また、アルバイトミーティングで〝表情〟のことがテーマになったときは、「店長ひとりが走り回っている感じで、アルバイトに来ても楽しくない」という意見がいくつも出てきました。楽しくないところでは、表情も悪くなるというのです。これにはハッとさせられました。

僕自身、直せるところは直し、アルバイトの提案も受け入れ、そこから少しずつみんなが楽しんで仕事ができるようになっていきました。結果的にお客様の評価も上がり、二年後には全店の中でミステリーショッパー第一位という快挙を達成できたんです。

お互いの〝成長〟が生む信頼関係

若江南店で、店長としてひと皮むけたと思った辰巳君。しかし、次に異動した神戸の伊川谷店で、また壁に直面しました。同じような壁が何度も現れるということは、実際のキャリアではよくあることです。

伊川谷店は我が社が初めて郊外に出した店舗で、業績は、良くいえば安定、悪くいえば伸び悩んでいました。また、アルバイトの意識の差が大きく、店舗全体としてひとつになりきれていない面がありました。

特に、いままで接したことのないようなタイプのアルバイトが結構いて、どう声をかけていいかが分からず、自分から線を引いてしまったのが失敗でした。

自分のいいたいことがいえなくて、自分の中に溜めてしまうところから始まり、しばらくしてなんとか口にすると、「いままでそんなこといってなかったじゃないですか」と反発を食らう。それでまたいえなくなってしまってという悪循環に陥りました。

アルバイトの間に不信感がどんどん拡がっていくのが自分でも分かるんです。店が終わったあと、ブロック長にも来てもらって、「何が正しくて、何が違うのか」といった話し合いをしたこともありました。

人によって考えていることは基本的に違います。こちらの考えを押し付けても、やらされ感しか生まれません。逆に、アルバイトの意見ばかり聞いていると、好き放題になっていってしまう。そのバランスを見つけられなくて苦労しました。

こういう場合、理屈でなんとかなるものではありません。いろいろな状況で、いろいろな相手にぶつかって揉まれ、経験値を高め、対応の引き出しを増やしていくしかないものです。

辰巳君の場合、伊川谷店では立て直しのきっかけがつかめず、次に異動した朝霧店でも同じようにアルバイトとの溝に苦しんでいました。

しかし、朝霧店が改装オープンすることになり、その準備のために一ヵ月の閉店期間中に行った研修がひとつの転機になりました。他の店舗で実務研修をするほか、何日間かは本部のサポートセンターに社員もアルバイトも全員が集まり、朝から夕方までディスカッションをするのです。

例えば、二人一組になって、お互いの良いところをふたつ、直してほしいと思うところをひとつ挙げる「2ストライク1ボール」というプログラムがあります。店長とアルバイトも一対一で向き合って、お互いの本音をぶつけ合うのです。

こういうプログラムを行うことによって、自分のどんなところが評価されているのか、相手から期待されていることは何なのかが分かってきます。そして徐々に、信頼関係ができていきます。

朝霧店の改装オープンの日、簡単なセレモニーを行いました。社長である私が挨拶し、営業を始めようとしたとき、居並ぶアルバイトの中のひとりが、「ちょっと待ってください」といって、辰巳君の前に出てきて手紙を読み始めました。

店長へ

ついにリニューアルオープンの日がやってきました。今日この日を迎えるのに、いろんなことがありましたね。店長がこの朝霧店に来た頃、バイトとのコミュニケーションがうまくとれずに、仕事のやり方やシフトなどでいろんな衝突があったと思います。

バイトどうしの間で不満や文句が絶えず、リーダー格の子たちも下の子たちをまとめることができずに、バイトどうしで衝突することもたくさんありました。でも、人が少ないときや、忙しいときにいろんなところで店長がフォローしてくれたり、声をかけてくれたりしたおかげで少しずつではありますが、バイトや社員との溝がなくなってきたと思います。

僕個人もリーダーになって初めの頃で、何もできない自分と周りとの温度差でイライラしてしまい、余計に迷惑をかけてしまっていたことを本当に後悔しています。

しかし、いまではみんなで楽しく、本当に良い雰囲気で仕事ができる店になってきていると思います。

まだまだ課題は山のようにあると思うし、朝霧店のみんなはわがままなところもあるし、自分勝手なところもあるし、なかなか手に負えない部分があると思います。

でも、仕事に対して文句をいわずに必死に全力で働いてくれる、本当に心から思いやりのある優しいみんなの団結力、そして仲の良さはどこの店舗にも負けない自信があります。

僕自身はこうやってみんなと働けることも少ないし、貢献できることも少ないですが、残ったみんながさらにこの朝霧店を良くしてくれると信じています。

今日がゴールではなくスタートです。

「思いやり　～気持ちを一つに～」のテーマのもと、店長を中心に最高のこのバイト仲間、社員のしゅーへーさんとともに、みんなが誇れるこの最高の店を盛り上げてください。僕はこの店で最高の店長と最高の社員と、心から大好きなバイト仲間と働けることが本当に幸せだと思いました。

長くなってしまいましたが、本当にありがとうございました。そして、これからもよろしくお願いします。

ワンカルビ朝霧店　バイトメンバー代表
S・T

最初、私と幹部たちは何が始まるのかとキョトンとしていましたが、この手紙を聞き終わると思わず拍手をしていました。アルバイトと店長の間で自然にこのような信頼関係が生まれたのは素晴らしいことです。辰巳君がひと回り大きく成長したことが手に取るように分かりました。

このときの経験で、自分自身、変わったなと思います。もともと僕は、ムードメーカーとして先頭に立ってみんなをひっぱるタイプではありませんでした。どちらかというと、みんなのサポート役に回るほうが性格に合っています。

でも、リーダーとしていまは自信を持って、自分の意見をまず相手に伝えるようにしています。自分から本音で話をしないと、相手も本音で向き合ってくれないからです。相手から「それは間違っている」とか「いや、もっとこうしたほうがいいよ」という意見をもらえたら、それはそれで自分のプラスになります。何かことを行うにあたっては、「まず、こちらから」というふうに考え方が変わりました。

二〇一五年の五月からは、尼崎店の店長をしています。日頃心がけているのは、やはり、アルバイトに自分から声をかけること。店長の僕が元気じゃないとバイトの子たちも元気になれないと思うので、店舗に入ったら、絶対、元気だけは忘れないようにしています。

バイトの子たちにどんどん声をかけるのは、いずれ社会に出ていって、伸び伸び活躍できる人になってほしいということもあります。僕は中学からずっと剣道をやっていて、以前は教師として剣道を教えるのが夢でした。しかし、大学を途中でやめてから、自分が何を求めているのか分からずにいました。

それがこの会社で働くことになり、もとの夢とは違う形ですが、仕事を通して人を育てることができることに気づきました。ありがたいことだと思います。

アルバイトから社員になり、店長へと成長した、この辰巳君以外にも、我が社には成長を続ける社員や店舗スタッフがたくさんいます。例えば、あるブロック長は、店長時代に持ち前のお客様第一主義を貫き、従業員を突き動かす強い姿勢で当時のワン・ダイニング店舗における「売上ナンバーワン」を確立しました。そこには店長としての確固たる成長がありました。

また、あるブロック長は、食べ放題業態を初めて立ち上げるために店長に抜擢されたあと、「食べ放題だけが魅力の店舗にしたくない」「もっとお客様満足を」という本人の想いから、さらなるサービスレベルの向上を目指し、人件費予算の拡大を当時の上司に進言したという経験を持ちます。成長に応じて、自分の意識を向上させ、ひいては、店舗や会社の成長を実現した良い例です。

「目に見えない報酬」とは？

さて、辰巳君は部下のアルバイトの成長に触れていますが、我が社では社員のみならず、アルバイトの成長についても真剣に考えています。

例えば、「アルバイト・キャリアパスプラン」といって、アルバイトとしてどのようにレベルアップしていったら良いかを会社として設定しています。新人であれば、担当業務の基本を覚えること、中堅は新人アルバイトに業務を教えることができるようになること、リーダー格になれば、店舗全体を視野に入れてリーダーシップを発揮していくこと、といったミッションがあります。

また、半期ごとに会社全体としての経営計画を策定し、その際、同時に「店舗経営計画」の設定と見直しを行います。この店舗経営計画の中で、店長がアルバイト一人ひとりについて能力評価を行い、面接しながら個別に話し合う機会も設けています。

もちろん、こうしたアルバイトに対する手厚いサポートは、店長にとっては時間の面でも労力の面でもたいへんな負担になります。

しかし、年一回、私がすべての店長と面談している中で聞くのは、「アルバイトが成長してくれることほどうれしいことはない」という声です。人の成長が仕事のやり甲斐につながっているのです。

これは、アルバイトリーダーにも共通します。「新しいアルバイトが入って来て、自分が教えて成長してくれるのを目の当たりにしたときに、やり甲斐をいちばん感じる」というのです。

たいてい、人に教えるというのは自分の仕事が増えることでしかありません。それで給料が大幅にアップするわけでもありません。しかし、人に教えて相手が成長することに喜びを感じる――。これは、いわゆる「目に見えない報酬」です。

我が社の店舗の周辺では、学生の間で良くない評判が立つことがあります。「あの店のバイトは時給がほかよりちょっといいけど、挨拶や礼儀作法にうるさくて、研修が厳しく、仕事も忙しい。それを考えると割に合わない」というものです。

それにも拘（かか）わらず、我が社のアルバイトの平均在籍期間は一年半を超え、中には三、

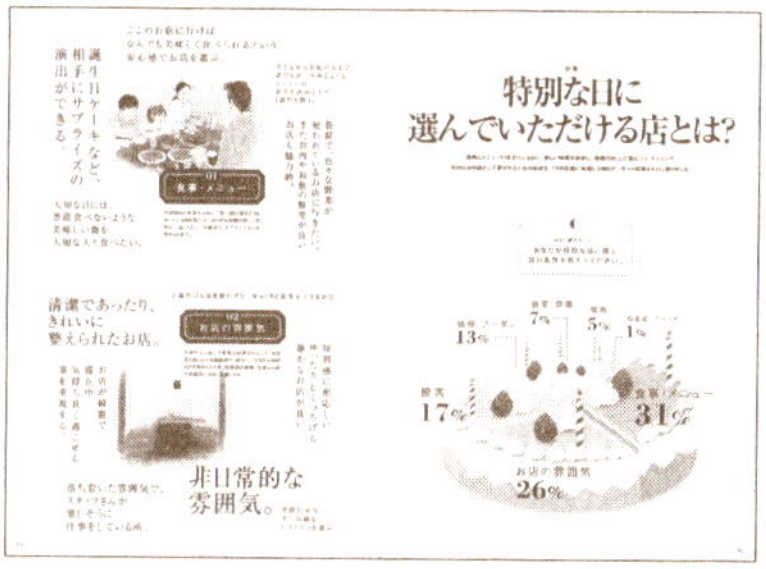

社内報「COMPASS」(写真上)、アルバイト用社内報「en」(写真下)は、ともに3ヵ月に一度(季節ごと)発行される情報共有ツール。折々の特集に加え、店舗スタッフが多く登場する連載など、読み物として盛りだくさんの内容になっている。オールカラーで、巷にあるフリーペーパー以上に編集制作に手間暇をかけている。

四年間続けてくれるアルバイトもいます。

それはなぜか――。アルバイトとはいえ、一生懸命働くことによって、お客様から「ありがとう」といってもらえたり、店舗全体がひとつのチームとして目標を達成できたときの充実感を感じたり、あるいはそうした経験を通して自分が成長している手ごたえがあるからこそ続けられるのだと思います。これもまた、「目に見えない報酬」でしょう。

面白いことに、我が社ではアルバイトによるアルバイトの紹介がたくさんあります。店舗でアルバイトしていた(している)学生が、自分の友人や後輩に「ここでバイトしてみたら?」と紹介してくれるのです。

紹介でやってくるのは、やはり、我が社でアルバイトしたら同じような手ごたえや充実感を感じるにちがいない学生たちです。逆に、アルバイトを時給だけで考えるような学生の興味はあまりひかないようです。

こうした仕組みと実績の積み重ねから、我が社は飲食業であるとともに、自社を「人材育成業」でもあるとも考えているのです。

〝成長〟に終わりはない

人の成長に終わりはありません。人は何歳になっても新しいことに挑戦し、課題や壁を乗り越えることで成長することができます。

特に、仕事においてそれがいえると思います。趣味や遊びでの挑戦や成長ということもあるでしょうが、費やす時間や労力は、仕事とは比べものにならないでしょう。さらに、我が社のようなサービス業では出会う人の多さや経験の多様さも格別です。

仕事については、どちらかというと、「あまりやりたくないこと」「つらいばかりで楽しくないこと」といったイメージがありますが、成長の喜び、醍醐味という点では働くことに勝るものはないでしょう。

それなのに、仕事は給料をもらうためのもの、人生の楽しみはほかで見つけるもの、と考えるのはあまりにもったいない。そういう発想や態度は、自分の人生を貧しいものにしかねませんし、周りにも悪影響を及ぼします。

もちろん、個人や組織の成長のためには、それをサポートする仕組みや成長をともに喜ぶ企業風土が欠かせません。

我が社はこれからも「人の成長とともにある企業」でありたいと願っています。

第五章

〝価値〟を創る

究極の目的は「役に立つ」こと

学生のみなさんは、間もなく社会に出て働き始めます。それは人生の中で当たり前のようにも思えますが、そもそも、私たちはなぜ「働く」のでしょうか。

本書の冒頭で、私は働くことの意味をいくつか挙げてみました。

生活のためにお金を稼ぐ。
技能や経験を積んで成長する。
他人の不満やニーズを満たし喜んでもらう。
仲間と力を合わせて大きな目標を達成する。
社会の問題や課題を解決する。

これらすべての根底に共通してあるのは、顧客にとって、仲間（他者）にとって、そして、社会にとって「役に立つ」ということだと私は思います。お金を稼ぐということにしても、誰かの役に立つことでお金をもらうことができるのです。

ここまでお話ししてきたように、〝基本〟を徹底し、〝気づき〟を深め、〝成長〟を続けることで、私たちは誰かの役に立つことができるようになります。

「役に立つ」とは、もともと、小さな共同体において構成メンバー一人ひとりに与えられた務め（役）を果たすということです。高度に発展し、複雑化した現代社会においても、私たち一人ひとりには果たすべき役割があります。ただ、身近な人とのつながりが希薄になっている中で、得てしてそれは自明なものではないかもしれません。その分、私たち一人ひとりが意識的に確認しなければならないものだと思います。

我が社では、「役に立つ」ということを意識的に確認するため、「価値を創る」という言葉に言い換えています。「誰のどんな役に立つのか」という発想は大切ですが、もっと高い視点で、「社会や世の中にどんな価値を提供できるのか」と考えるのです。

「価値」というのは抽象度が高く、なかなか難しい言葉です。

かつて、私は大学で、価値をめぐる経済学の理論を多少学びました。例えば、水は人間が生きていくために欠かせない物質ですが、その価格はダイヤモンドという、ほとんど使い道が限られる物質よりはるかに低いのはなぜなのか——。このひとつの答えは、「市場における需要と供給のバランスによる」というものです。みんなが欲しいと思うけれど、数量に限りがあるものは高くなるというわけです。

これは商品の価格をめぐる議論ですが、いずれにしろ、評価する誰かがそこにいるということが前提になっています。「価値を創る」のも、自分以外の誰かがいて、初めて成り立つことです。

「価値を創る」といった場合、それと同時に重要なことは、それが「自分起点」だということです。価値があるかどうかを判断するのは自分以外の誰かですが、まず、自分自身で「こういうことが求められているんじゃないかな」「こうすれば喜ばれるだろう」というふうに考え、行動する必要があります。

仕事における価値は、「自分からの行動」と「他者からの評価」がセットになって生み出されるものなのです。これは、会社が取り組むビジネスでも同じことです。

「基本の徹底」と「変化への対応」

我が社のビジネスが生み出す〝価値〟についていえば、それは「ファミリーのお客様に、気持ち良い空間でおいしい焼肉やしゃぶしゃぶを、二時間、ゆっくり味わい、団らんを深めていただくこと」です。これを私たちは『いちばんの満足を』というスローガンで表現し、また、『価値ある経営』という経営理念に凝縮しています。

これらのスローガン、そして、経営理念を実現するため、我が社では自分(自社)起点として「基本の徹底」と「変化への対応」のふたつを実践しています。

「基本の徹底」については、食べ物を扱う以上、安全や安心、そして、整理・整頓・清掃・清潔・躾という「5S」は当たり前のことです。あるいは、挨拶や身だしなみなども社会人として当然のマナーです。いずれも、きちんと行ってもさほど評価されるわけではありません。しかし、そうした基本を一〇〇パーセント実行し、継続し、さらにそのレベルを日々上げていくところに意味があります。

一方、社会やお客様のニーズは、時代とともに変化しています。そのために新業態を開発したり、定期的にメニューを見直したり、サービスのレベルアップを継続していく必要があります。

「基本の徹底」と「変化への対応」を、常にバランスよく継続していく。それによって、我が社の〝価値〟は磨かれていくのです。

〝価値〟について考えた私の原点

私が仕事において〝価値〟ということを具体的に考えるようになったひとつのきっかけは、商社時代の経験にあります。

入社四年目に三井物産の関西支社に異動し、ファッションメーカーなどと取り引きしていた頃のことです。当時、チームリーダーの課長がいて、その下に、私を含めた社員が四名いました。メンバー全員で行う会議というのは、年に二、三回しかありませんでした。メンバーは担当がそれぞれ異なり、年間数十億円のビジネスをひとりで行っています。普段は会議をする必要がありませんでした。

あるとき、私のメインの顧客である有名アパレルメーカーとその会社の製品をつくっている下請企業との間で社員どうしの不祥事があり、関係者が出入り禁止になりました。下請といっても、ひとつのブランドを一手に引き受けているところで、アパレルメーカーの担当部門にとっても、実はたいへん困るのです。

そこで、私が両者（両社）の連絡係を買って出て、三ヵ月ほどの間、両社の担当部門を自転車で行ったり来たりしました。来シーズンのサンプルができたら、それを持ってアパレルメーカーへ行き、担当者のコメントをもらったら、またそれを下請企業へ持って帰る。毎日三回以上、両社の間を往復したでしょうか。

おかげで、企画からサンプル、本生産まで、繊維製品がどんな流れでできるのか、誰がどんな役割をしているのか、どういうことを基準に判断するのか、値決めはどうするのかなどを詳しく理解することができました。

それとともに、両社の関係者からものすごく感謝されたのです。私が間をつなぐことで、それまでとほぼ同じように新商品を発売でき、結果的に私たち商社のマージン

（手数料）も上げてもらえました。さらにこのときは、アパレルメーカーの社内で知り合いが増え、私自身の仕事もどんどん拡がっていきました。

この経験を通して、私は商社ビジネスの本質に触れ、仕事において〝価値〟を創るという意味を頭と体で覚えることができたのです。

「満足」から「感動」へ

〝価値〟があるかどうかを判断するのは自分以外の誰かですが、その判断のレベルには「満足」と「感動」があると思います。

「満足」は、支払う代金に見合った商品やサービスを受け取ることで、お客様にとっての「期待どおり」ということです。まず、この「満足」レベルを確実にクリアすることが重要です。

そのうえで、相手の期待を超えることで「感動」を生み出すことができます。「満足」の先に「感動」があるのです。

ただし、最初から「感動」ばかり追いかけるのは危険です。「満足」をきちんとクリアしないまま、相手を驚かせようとして、奇を衒うことになりがちだからです。

個人としても会社としても、まず「満足」を確実に提供できるようになることが、〝価値〟を創ることにつながると思います。

我が社の経営理念である『価値ある経営』は、義父が創業したダイリキ時代から受け継がれてきたものであり、顧客から、地域から、社会から必要とされる存在でありたいということです。そのために、まず「満足」を確実に提供する必要があります。そのことをお客様に約束するため、我が社では『いちばんの満足を』をスローガンとして掲げています。もちろん、その先には「感動」があり、感動にゴールはありません。

『いちばんの満足を』の実践

この『いちばんの満足を』という我が社のスローガンは、多くの社員、そしてアルバイトのみんなの協力を得て、それぞれの店舗においていろいろな形で実践されています。

第三章でお話しした「気づきメモ」の中から、そうした例をいくつか紹介させてください。

先日、週末で唯一のバースデー予約だった二十代くらいのカップルのところにバースデーデザートを運ばせていただきました。彼氏さんへのサプライズだったので、彼氏さんはすごく驚き、彼女さんはすごく満足されており、私もとても幸せな気持ちになりました。そして彼氏さんに、「本日はおめでとうございます。素敵な彼女さんですね。すごくうらやましいです。では、ごゆっくりどうぞ」と声をかけて席を離れました。

その後、ちょっとしてからその彼氏さんに呼び止められて、「あの、すいません。さっきの言葉で修正したいことがあるんです。実はあの子、彼女ではないんです」といわれて、女友達だったのかな、やらかしちゃったなと思って謝ったら、

「いや、今日から奥さんなんです。今日、入籍してきました。いま、その帰りでこのきんのぶたで食事をしているんです」といわれました。聞いたとき、びっくりしたのと、感動したのと、こんな大切な日にここを選んでいただいたうれしさとで、なんというか、口ではいい表すことのできない気持ちでいっぱいになりました。

うれしくてうれしくて店長に報告すると、店長もすっごく喜んでくれて、その夫婦のレジを店長が担当してくださり、「本日はおめでとうございます。こんな大切な日にご利用ありがとうございます。次はぜひ、三人で来てくださいね」と声をかけると、「実はもうお腹に赤ちゃんがいるんです。だから、生まれたらまた来ますね」といっていただいたそうです。

さらに話をしていると、大切な日はこのきんのぶたをよく利用していただいているそうで、二人が付き合い始めたのもこのきんのぶただそうです。すごくないですか。最後にお見送りをしたときに、「毎年この日に、この場所でお祝いするね。また来ます」ともいっていただきました。

私たちは、毎日、何気なく働いているかもしれませんが、こんな大切な日にこのきんのぶたを利用していただけたことは、本当にすごいことだと思います。それに何度も利用していただいているうえで、大切な日にこのきんのぶたを選んでいただけるというのは、私たちの日々の営業の成果だと思います。それと同時に、こんなに評価してくださっているお客様がいるんだから、常に最高の営業を心がけて常に期待に応えることのできる恥ずかしくない接客をしていかなければいけないなぁととても感じました。

たまに厳しいお言葉をいただくこともありますが、やはりお客様に評価されてこそ、この店舗の存在価値も生まれます。良いところは引きのばし、悪いところは改善し、これからも一組でも多くのお客様に満足していただき、一組でも多くのお客様に大切な日に利用したいと思っていただけるような、きんのぶた北生駒上町店をつくっていきたいです。

（きんのぶた生駒上町店　清水美月）

いつもファミリーで食べに来てくださるお客様がいるんですが、小学生の女の子のお子様がいて、その女の子はいつも「お姉ちゃん、お姉ちゃん」と私を探していろんなお話をしてくれます。

今日は私がすごくバタバタしていてなかなかそのファミリーの席に行けず、次に見た時はレジでお会計をされているところでした。「せっかく来てくれたのに今日はあんまりお話しできなくてごめんね＞＜」といいに行くと、すごくうれしそうに「またくるからいいよ^^」といってくれました。

そしてお母さんと少し話をしていたんですが、その子は月曜日から入院してしまうらしく、のどの手術をするから当分ごはんが食べられなくなるそうで、入院前にどこでも好きな所に行こうというと、「お姉ちゃんに会いにワンカルビに行きたい」と女の子の希望で今日は来てくれたとお話ししてくれました。すごくうれしくて涙が出そうでした。

それと同時に、今日、そのファミリーの席に行って女の子とゆっくりお話ししてあげられなかったことをすごく後悔しました。

小学生の子どもにとって、手術なんていわれるとすごく怖くて不安だと思います。でもその女の子はずっと笑顔で、元気で、この子が入院するなんて考えられないくらい今日もパワーをもらいました。

「手術頑張ってね！」と何回も何回もハイタッチをして、今日も笑顔で帰っていただけたので安心しました。

入院前に、私に会いたいとわざわざ来てくれたことが本当にうれしくて、でもそう思ってもらえるくらい私もその子に何かあげられているってことなのかなぁと、お客様に力をもらったり、気づかないうちにあげられていたり、接客業ってほんとに素晴らしいお仕事だなーと改めて感じました。女の子の手術が無事に終わるように、そして一日でも早くまたあの子の笑顔が見られるように、明日から私もまた笑顔を忘れずに頑張ろうと思いました。

（ワンカルビ泉大津南店　大工千秋）

この前の平日の営業での話。

五名様のファミリーでご来店いただいたお客様のテーブルの奥に、若い男性の写真が立ててありました。六十歳くらいの夫婦の方と、二十代くらいの男性とその方の奥さんと生まれたての赤ちゃんでした。

その写真の男性はお亡くなりになられた老夫婦の息子さんだったようで、家族で集まっての特別なお食事だったそうです。

もともと五名様でのご来店だったので、最初にお出しする付き出しは五個用意してワゴンに行きました。ですが、テーブルについてみると、何も食べられない赤ちゃんの分の付き出しだったのでひとつ残りますが、ワゴンに行ってくれたバイトの松井がその写真に気づき、「もうひとつお出ししましょうか？」とお客様に聞いてくれました。そのひと言が、そのお客様は本当にうれしかったと伝えてくれました。もしも生きていれば、一緒に食事するはずだった息子さんと一緒に食事をしている空間をつくってくれたと、そのお客様は涙を流しながら話をしてくれました。

毎日営業している中で、一組一組のお客様が今日なんでうちのお店を選んでご来店していただけたのかを考えるのは難しいことだと思います。

ですが、30テーブル、そしてウェイティングでお待ちのお客様、どのお客様にも当店を選んでくれた理由があり、特別な日なのかもしれません。

このお客様が今日来ていただけたからこそ、今日自分たちは働いている。

そして、そんな特別なお食事に天美店をわざわざ選んで来ていただけるお客様のために。

世界一、お客様目線なお店に天美店全員で絶対していきます。

このお客様の新規をお伺いしてくれた森本ちゃん。ワゴンに行ってくれた松井。お客様に、店長から伝えてくださいとお願いされました。

「本当にありがとう」。


（ワンカルビ河内天美店店長　堂山幹祐）

〝価値〟とコストのバランス

もちろん、経営において〝価値〟を考える場合、コストとのバランスは避けては通れない問題です。いくらお客様から評価される商品やサービスであっても、コストとのバランスがとれていなければ継続的に提供することはできません。

一方、コストなどの数字ばかり気にしていても、お客様からの評価は得られにくいでしょう。そうした利己的な姿勢は不思議と見抜かれるものです。

では、どうすればいいのか。それこそが経営の課題だと思います。一見すると矛盾するような価値とコストの折り合いをどうつけるのか。答えはひとつではありません。

例えば、手ごろな価格で焼肉を提供しようとする場合、冷凍肉を使ったセントラルキッチン方式のほうがコストを抑えられますが、それではどうしても味は落ちます。

また、「食べ放題」という業態では、お客様が自分で食材を取りに行く「ビュッフェスタイル」のほうがスタッフを少なくでき、コスト(人件費)を抑えられます。しかし、それではせっかくの「団らん」の時間が減ってしまいます。

我が社がチルド肉による店内カットとテーブルオーダーバイキング方式にこだわっているのは、ある意味、コストのかかる「非効率なやり方」です。しかし、それによって、本当においしい焼肉をファミリーでゆっくり楽しんでいただくという〝価値〟が実現できると考えているのです。

評価するのはお客様です。幸いなことに、昨年は原材料の値上がりや社員の待遇改善を目的に全店で値上げを実施したにも拘わらず、多くの店舗は平日であってもほぼ満席になり、週末には二時間以上お待ちいただくケースも珍しくありません。

もちろん、このバランスは社会の状況やライバルの動きなどによって常に変化していきますので、常にチェックし、改善していかなければなりません。

生み出す〝価値〟と引き継ぐ〝価値〟

経営における〝価値〟にはまた、「新たに生み出す価値」と「引き継いでいく価値」があると思います。

我が社の場合、もともとは義父がダイリキという会社を創業し、世の中にとっての新たな価値を生み出しました。ダイリキの生み出した価値は、「良い店をつくる」という点にあると私は理解しています。義父の口からはいまだに、「良い店」「良い人」「良い会社」という言葉がしょっちゅう出てきます。

小売業の原点として、まずはお客様から支持され、評価される「良い店」をつくる。そうすれば、自ずと売上が上がり、店舗が増えていきます。「良い店」をつくるためには、仲間から信頼される「良い人」、つまり人材が欠かせません。志を同じくする仲間を募り、一緒に働きながらお互いに切磋琢磨し、成長を続ける――。その結果、社会から必要とされる「良い会社」ができるのです。

こういう考え方を、ワン・ダイニングは引き継いでいきたいと思っています。商品やサービス、あるいは会社としての制度や仕組みは、時代や社会の変化に合わせて見直していきますが、ビジネスの基本にある考え方は変わっていないつもりです。

〝価値〟ある存在はいつの時代も、どんなところにあっても常に多くの人から必要とされます。逆に、必要とされなくなれば、淘汰されていきます。そのことを常に意識しながら、我が社はこれからも確固たる経営理念を次世代へと引き継いでいきたいと考えています。

「団らんビジネス」という挑戦

ところで、我が社のようなサービス業、特に飲食業は誰にでもできるビジネスです。独自の技術で工業製品をつくっているわけではありませんし、大規模な資本で経営をしているわけでもありません。画期的な新製品で一発逆転みたいなことはそもそもありえません。

その中で、多くの競合他社(業態)と競い合い、差をつけていくというのは本当に難しいことです。

では、どのようにして日々のビジネスで顧客に評価される〝価値〟を生み出していくか——。その原動力になるのは、「人」しかありません。すべての価値は人から生まれるのです。

私はよく、「見える価値」と「見えない価値」と表現するのですが、「見える価値」というのは店舗のデザインやメニュー、ユニフォームのデザインなどです。しかし、「気づきメモ」など、様々な人材育成の仕組みや組織の風土は外からはなかなか見えません。そして、一歩一歩積み重ねた、この「見えない価値」のノウハウは、簡単には競合他社には真似されません。

「見えない価値」をどれだけ磨き上げ、「見える価値」の向上につなげていけるか——。いままでのところは、それがうまくできていると思います。

そしていま、我が社が新たに取り組もうとしているのは、日本の飲食業、外食産業の中で「団らんビジネス」という新しい価値を創り出していくことです。

どこでもインターネットが使え、誰もがスマートフォンを持つようになったいま、コミュニケーションはどんどん個別化して、同じ屋根の下に暮らす家族であっても、それぞれのライフスタイルに合わせてバラバラに行動しています。

そんな社会風潮の中、ワン・ダイニングの店舗では、家族や親しい人たちがひとつのテーブルを囲んで楽しく食事をし、語り合う「二時間の幸せ」を提供します。食事のための焼肉やしゃぶしゃぶはそのためのきっかけにすぎません。

かつて、日本の食卓にあった「団らん」を私たちの店舗の中で感じ、楽しんでいただきたい。団らんで生まれた笑顔を家庭に持ち帰り、家庭から地域や職場の笑顔を増やしていく。そして、日本を変えていきたいと我々は本気で考えています。

いまの学生のみなさんにはピンとこないかもしれませんが、焼肉という食べ物は、昔はたいそうなご馳走でした。義父はよく、「焼肉というのは、背筋を伸ばして食べるものじゃない。みんなが背中を丸めて、顔を寄せて食べるものなんだ」といっていました。「それって団らんだよな」と思った私たちが、「団らんビジネス」と名付けたのです。

「団らんビジネス」で日本を変えるためには、料理のクオリティだけでなく、スタッフのクオリティ、店舗空間のクオリティなどをもっともっと高め、最高のコミュニケーションの場を提供していかなければなりません。

「団らんビジネス」に規模は関係ありません。あくまでもクオリティの問題です。

我々が目指すところはそこにあります。

「役に立つ」場面を考える

〝価値〟を創り出すということは、元に戻って平たくいえば、自分が「役に立つ」場面を考えるということです。課題を掘り起こし、提案をする。そして、提案を行動に移して、きちんと成果を出す。ここでの成果は、相手にとっての成果です。これを繰り返していくことです。

また、お客様の要求がいまはそのレベルでも、将来はもっとこうなっていくだろうと予測したり、この提案はいまは難しいかもしれないけれど、取り組んでいくうちにメリットが出てくるということを広い視野で見ていくことも必要です。

そういうアプローチがうまくいけば、見える世界が違ってきます。これは、どんな業種、どんな仕事でも、共通する仕事の醍醐味だと思います。

我が社の「団らんビジネス」においても、お客様の宿題（要求）をどれだけ拾い出せるかということが鍵を握ります。お客様に「何が不満ですか?」と聞いても答えてくれるわけではありません。お客様とのコミュニケーションを重ね、自分で調べてみたりして、「課題はこういうことなんですよね?」と、自分(自社)起点で仲間たちに提案していかなければなりません。

かつての商社時代、「顧客の宿題を拾えるようになったら一人前」と、私は先輩たちにいわれました。いま、我が社の店舗でも本部でも、私が今度は日々同じことを口にしています。

ポジションによりハードルは違う

会社に就職し、仕事をしていくうえで、それぞれのポジションや立場で、どのような〝価値〟を生み出すのか――。新入社員には新入社員の、中堅社員には中堅社員の、店長には店長の、それぞれ求められる〝価値〟のレベルがあります。最低限、それをクリアしなければ、社内での評価は期待できません。次のステップへはなかなか進めないでしょう。

本書の最後にもうひとり、社員で紹介したい人がいます。レストラン事業部・人財育成リーダーの稲田守弘君です。

彼は一九九四年、我が社の前身であるダイリキ株式会社が新しく始めた外食事業部門の第一期生として入社しました。

それから、店舗スタッフ→店長→ブロック長とキャリアを積み重ね、二〇〇八年に株式会社ワン・ダイニングができると、本部の教育担当になりました。

当時、私は社長に就任したばかりで、まず、「チーム経営」という方針を打ち出していました。「チーム経営」のためには、会社としての基本的な考え方から現場での情報まで、なんでもみんなで「共有」することが欠かせません。「共有」という組織風土をつくるためには、教育が鍵を握る――。そこで私は、ブロック長として十年近い経験があり、また、「人を育成する仕事をしたい」という希望を持っていた稲田君を責任者に指名したのでした。

当初のメンバーは私だけ。しかも、ずっと店舗の営業ひと筋で、教育とか人事についてはまったくといっていいほど素人だったので、かなり不安がありました。

まず、社長の指示で手がけたのは、「人事評価基準」の全面改訂です。十年近く前につくった基準をそのまま使っていたのですが、現場に合わなくなっている部分が少なくありませんでした。そこで、アルバイトから一般社員・チーフ・店長・ブロック長など職位ごとに「こうあるべき」という姿を二〇〇項目以上に分けて設定し、五段階の評価基準にまとめたのです。

いろいろな資料を調べ、現場での経験をもとに自分なりに考え、とても苦労しました。でも、何人もの店長から「アルバイトや社員の人事評価がやりやすくなって、ありがたい」といわれ、とてもうれしく、「やればできる」という自信につながりました。

次に手がけたのが、『スピリッツ&スタンダード』の普及と定着です。当時のブロック長は仕事のできる個性派ぞろいでしたが、店舗運営にしても人材育成にしても考え方がばらばらでした。それでは会社としての成長は難しいという社長の判断で生まれたのが、『スピリッツ&スタンダード』です。

当初は社内の反発が強く、私が現場を回ってブロック長や店長に「なぜこのマニュアルができたのか」「どんなふうに使えばいいのか」といった点について説明し、議論し、理解を求めました。


稲田君がどこまでできるのか、正直、私も分かりませんでした。でも、彼は自分に与えられた新しい役割をチャンスと捉え、それまでの経験や知識を生かして予想以上の成果をあげてくれました。

最初のうちは私から、「これをつくってくれ」という形で指示を出していましたが、一、二年もすると「これについてはこういう仕組みがあったほうがいいんじゃないでしょうか」と、稲田君から提案してくれるケースが増えてきました。

一段高い視点から、我が社の成長のために、共有の風土づくりや社員教育の点で新しい〝価値〟を創り出してくれるようになったのです。

私は店長の頃は、どちらかというと部下に対して厳しく、煙たがられるほうでした。でも、あるとき、卒業して辞める学生アルバイトから、「いろいろ指導してもらえて感謝しています」といわれたことがあります。人の成長に関わるって、とてもすごいことなんだと、そのときに気づきました。

その後、ブロック長として担当エリアの業績だけでなく、意識して店長や社員の育成に取り組み、楽しかったですね。ただ、そのうち、ブロック長によって人材育成のやり方が全然違うことに気づきました。数字から入る人もいれば、実技から入る人もいてバラバラなんです。なんとかしないといけないと思い、社内で問題提起していました。そういうことも、教育担当に抜擢してもらった理由のひとつだったのかもしれません。

教育担当になったあとは、改めてコミュニケーションの難しさ、大切さを実感しました。ブロック長の頃は、普段接するのは店長と社員合わせて二〇数名です。知っている人間ばかりで、コミュニケーションも難しくありませんでした。

しかし、教育担当となると全社が対象で、自分がよく知らない店長や社員もたくさんいます。そうすると、自分の言葉がなかなか伝わらないのです。どうすればこちらの考えや伝えたいことが相手にスムーズに伝わるか――。もう一度、基本から見直しました。

今後も、社員が楽しく、誇りを持って働ける会社にするために貢献したいと思っています。最近では、アルバイトのやり甲斐のアップのために、新しいアルバイトトリーダー制度をつくり、二〇一六年三月からスタートさせました。アルバイトリーダーとしての意識とスキルについての基準を明確にしたもので、大学卒業とともに辞めていったアルバイトリーダーの何人かから「もっと早くこういう仕組みをつくってくれたらよかったのに」といわれ、ちょっと申し訳ない気持ちとともに、大きな手ごたえを感じました。

このように稲田君は、様々な気づきの中から課題を見つけ、果敢に挑戦しています。そして、人から喜んでもらうことで、自分が生み出した〝価値〟を確認しているのです。

社長が創り出す〝価値〟

社長である私自身も、社員やアルバイトのみんなから「どんな価値を生み出しているのですか？」と、常に問われている自覚があります。

そのために取り組んでいることのひとつが、企業のトップとして、積極的に従業員とコミュニケーションを図り、経営理念やビジョンを共有することです。

毎年、四月と十月の年二回、店長・ブロック長・本部各部門の管理職を集めて「経営方針発表会」を開き、前期の振り返りと当期の方針のほか、私の想いを直接伝えています。

また、何度かお話ししているとおり、毎年すべての店舗を私自身が訪ね、店長と一対一で「社長面談」を行っています。主に店舗の運営状況や店長の考え、悩みなどを聞いてアドバイスをするためです。

毎月開く「誕生日月食事会」では、その月が誕生日の社員を全員招いて、コミュニ

毎年4月と10月の半期ごとに開催される「経営方針発表会」では、まず、社長の髙橋から前期の振り返りと今期の方針が発表され、社内報を通じて、全従業員にも共有される（写真上）。また、目指すべき店舗・従業員の姿を明確化するため、半年間のミステリーショッパー調査の上位店舗に「いちばんの満足度大賞」、気づきメモ読み合わせ会で最も支持のあったメモを提出した店舗に「いちばんの気づき大賞」を贈り、壇上で表彰している（写真下）。

ケーションを目的とした食事やゲームを楽しんでいます。

そのほか、一月の初出勤日には「年頭所感」を全社員および全店に配付して、その年の会社の方向性や考え方を発信しています。「社長ダイレクトメール」は、随時、社員とアルバイトに向けて、経営理念や当社の方向性・時事問題・日々の雑感などを配信しています。

他社から見るとちょっとやり過ぎかもしれませんが、これくらいの情報発信を徹底するのが、私はちょうどいいと思っています。

トップが積極的にコミュニケーションに取り組めば取り組むほど、組織内に〝価値〟が拡がっていくはずです。

アルバイトを育てるという〝価値〟

外食産業にとって、社員はもちろんのこと、アルバイトはいまやなくてはならない戦力です。しかし、ややもすると、アルバイトを単なる安価な労働力として扱う傾向

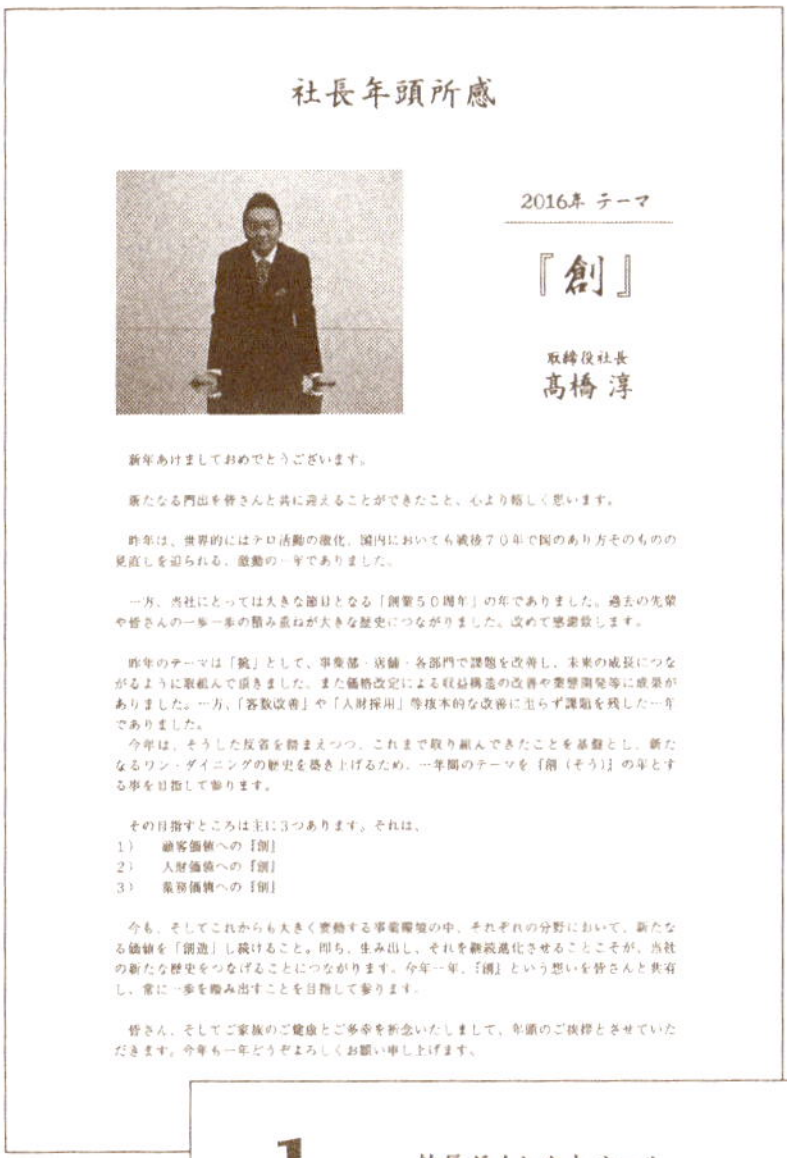

社長年頭所感

2016年 テーマ

『創』

取締役社長
髙橋 淳

新年あけましておめでとうございます。

新たなる門出を皆さんと共に迎えることができたこと、心より嬉しく思います。

昨年は、世界的にはテロ活動の激化、国内においても戦後７０年で国のあり方そのものの見直しを迫られる、激動の一年でありました。

一方、当社にとっては大きな節目となる「創業５０周年」の年でありました。過去の先輩や皆さんの一歩一歩の積み重ねが大きな歴史につながりました。改めて感謝致します。

昨年のテーマは「挑」として、事業部・店舗・各部門で課題を改善し、未来の成長につながるように取組んで頂きました。また価格改定による収益構造の改善や業態開発等に成果がありました。一方、「客数改善」や「人財採用」等抜本的な改善に至らず課題を残した一年でありました。
今年は、そうした反省を踏まえつつ、これまで取り組んできたことを基盤とし、新たなるワン・ダイニングの歴史を築き上げるため、一年間のテーマを『創（そう）』の年とする事を目指して参ります。

その目指すところは主に３つあります。それは、
1）　顧客価値への『創』
2）　人財価値への『創』
3）　業務価値への『創』

今も、そしてこれからも大きく変動する事業環境の中、それぞれの分野において、新たなる価値を「創造」し続けること。即ち、生み出し、それを継続進化させることこそが、当社の新たな歴史をつなげることにつながります。今年一年、『創』という想いを皆さんと共有し、常に一歩を踏み出すことを目指して参ります。

皆さん、そしてご家族のご健康とご多幸を祈念いたしまして、年頭のご挨拶とさせていただきます。今年も一年どうぞよろしくお願い申し上げます。

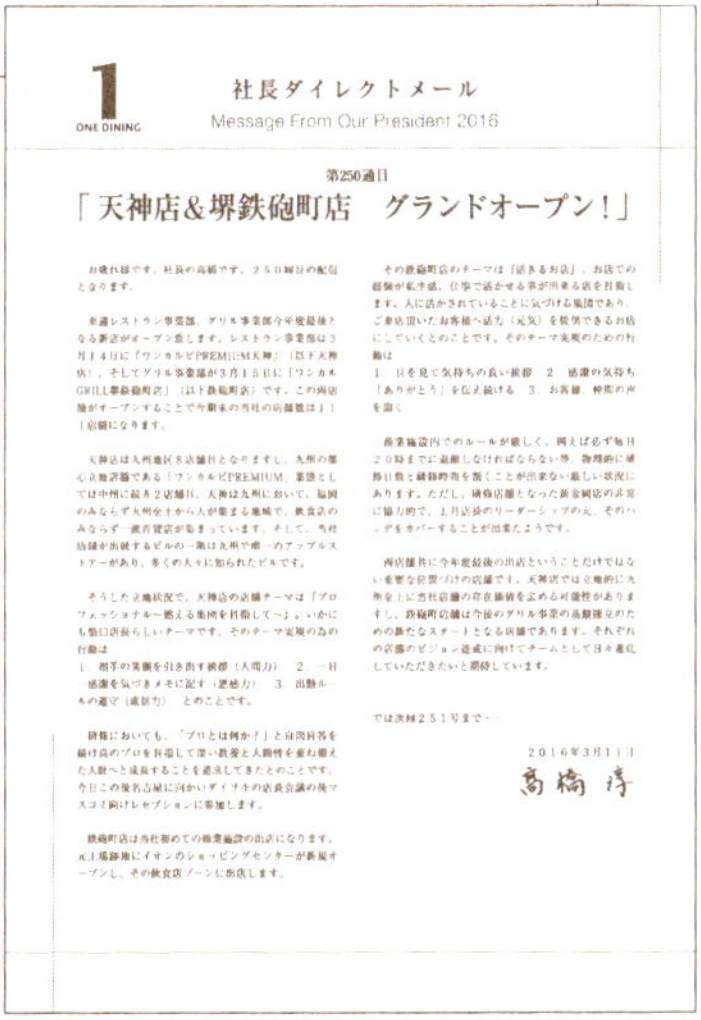

1
ONE DINING

社長ダイレクトメール
Message From Our President 2016

第250通目
「天神店＆堺鉄砲町店　グランドオープン！」

お疲れ様です。社長の高橋です。２５０回目の配信となります。

来週レストラン事業部、グリル事業部今年度最後となる新店がオープン致します。レストラン事業部は３月１４日に「ワンカルビPREMIUM天神」（以下天神店）、そしてグリル事業部が３月１５日に「ワンカルビGRILL堺鉄砲町店」（以下鉄砲町店）です。この両店舗がオープンすることで今期末の当社の店舗数は１１１店舗になります。

天神店は九州地区８店舗目となりますし、九州の都心立地業態である「ワンカルビPREMIUM」業態としては中洲に続き２店舗目。天神は九州において、福岡のみならず九州全土から人が集まる地域で、飲食店のみならず一流百貨店が集まっています。そして、当社店舗が出店するビルの一階は九州で唯一のアップルストアーがあり、多くの人々に知られたビルです。

そうした立地状況で、天神店の店舗テーマは「プロフェッショナル～燃える集団を目指して～」。いかにも樋口店長らしいテーマです。そのテーマ実現の為の行動は
1．相手の笑顔を引き出す挨拶（人間力）　2．一日一感謝を気づきメモに記す（感性力）　3．出勤ルールの遵守（成長力）　とのことです。

研修においても、「プロとは何か？」と自問自答を続け真のプロを目指して深い教養と人間性を兼ね備えた人財へと成長することを追求してきたとのことです。今日この後名古屋に向かいダイリキの店長会議の後マスコミ向けレセプションに参加します。

鉄砲町店は当社初めての商業施設の出店になります。元工場跡地にイオンのショッピングセンターが新規オープンし、その飲食店ゾーンに出店します。

その鉄砲町店のテーマは「活きるお店」。お店での経験が私生活、仕事で活かせる事が出来る店を目指します。人に活かされていることに気づける職場であり、ご来店頂いたお客様へ活力（元気）を提供できるお店にしていくとのことです。そのテーマ実現のための行動は
1．目を見て気持ちの良い挨拶　2．感謝の気持ち「ありがとう」を伝え続ける　3．お客様、仲間の声を聞く

商業施設内でのルールが厳しく、例えば必ず毎日２０時までに退館しなければならない等、物理的に営業日数と営業時間を多くことが出来ない厳しい状況にあります。ただし、補佐店舗となった新金岡店の非常に協力的で、上月店長のリーダーシップの元、そのハンデをカバーすることが出来たようです。

両店舗共に今年度最後の出店ということだけではない重要な位置づけの店舗です。天神店では立地的に九州全土に当社店舗の存在価値を広める可能性がありますし、鉄砲町店舗は今後のグリル事業の高業績化のための新たなスタートとなる店舗であります。それぞれの店舗のビジョン達成に向けてチームとして日々進化していただきたいと期待しています。

では次回２５１号まで・・

２０１６年３月１１日
高橋 淳

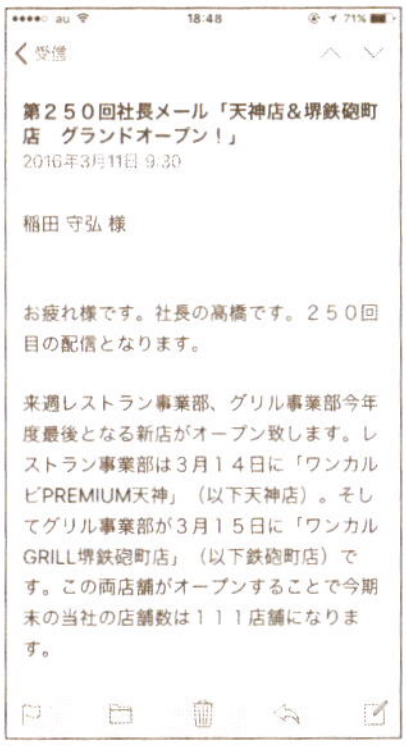

第２５０回社長メール「天神店＆堺鉄砲町店　グランドオープン！」
2016年3月11日 9:30

稲田 守弘 様

お疲れ様です。社長の高橋です。２５０回目の配信となります。

来週レストラン事業部、グリル事業部今年度最後となる新店がオープン致します。レストラン事業部は3月１４日に「ワンカルビPREMIUM天神」（以下天神店）。そしてグリル事業部が3月１５日に「ワンカルGRILL堺鉄砲町店」（以下鉄砲町店）です。この両店舗がオープンすることで今期末の当社の店舗数は１１１店舗になります。

毎年1月の初出勤日に、社長の髙橋による「年頭所感」が全社員および全店に配付される。その年のワン・ダイニング社の方針が発信され、共有されていく（写真左）。

全社員・アルバイトに向けて、「社長ダイレクトメール」も折々に配信される。店舗情報のみならず、時事問題・日々の雑感など、そのテーマは幅広い。PCメールでのPDF送付（写真左下）だけではなく、フィーチャーフォンやスマートフォンでも閲読可能になっている（写真右下）。

があります。それが、外食産業のイメージに悪影響を及ぼしています。

これに対し、我が社は社会に対する責任として、アルバイトのみなさんを社会で活躍する人材に育てたいと考えています。こうした社会に対する責任を果たすというのも、経営トップとして私が考える〝価値〟です。

具体的には、店舗では作業やスキルのみならず、仕事のうえで欠かせない挨拶やコミュニケーション・接客の心構え・チームワークなどを厳しく指導します。

また、毎月行う「アルバイトミーティング」では、アルバイトが自分たちで店舗運営の問題点や改善策について話し合い、主体的に仕事に関わる経験を積んでもらうようにしています。

こうした会社としての姿勢については、アルバイトとして働いてくれることになった学生のみならず、彼ら彼女らの親御さんたちにも知ってもらうべく、私から次のような手紙を必ずお送りしています。

ご挨拶

はじめまして。そしてワン・ダイニングへようこそ!

私たちは焼肉の「ワンカルビ」「あぶりや」、しゃぶしゃぶの「きんのぶた」、炭火ステーキ・ハンバーグ定食の「ワンカルGRILL」などの事業ブランドで関西及び九州に現在100店舗以上展開している会社です。

この度、縁あってスタッフとして入社して頂きましたことを、心から歓迎致します。

私たちの目指すもの、それはお客様の「いちばんの満足」です。

お客様の「おいしかったよ、また来るね」の為に、社員もアルバイトもみんなが一つになって考え行動しています。

合言葉は〝チーム ワン・ダイニング〟です。

そのためにまず、私たち自身が楽しんで働いています。

不安もあるかと思いますが、心配はいりません。

職場には、店長を初め、高校生も大学生も社会人も、それから、お母さんみたいな人もいます。
どんな時でもこの仲間たちが助けてくれます。
仕事はもちろんですが、せっかく私たちの仲間になったのですから、
いろんな人との出会いを楽しんで下さい。

そして、ご家族の皆様に申し上げます。
ご本人には、これから仕事を通して、お客様とのふれあいを通して、
また、社員や同僚のアルバイト達との人間関係を通して、
言葉の使い方や約束を守る事の大切さ、人として責任感を持つこと等、社会で必要となる基本的なことを数多く学んで頂く事となります。
私たちは、スタッフ一人ひとりの人間としての成長をとても大事に考えています。
だからこそ、時には厳しく時には褒め称え、いつも一生懸命に接します。
どうか、私たちのこのような姿勢にご理解を頂き、ご家族の皆様の暖かい応援を心からお願い致します。

そして、時期をみて是非一度、ご本人がアルバイトされているお店にお越し下さい。
きっと、楽しく活き活きと笑顔で働いておられる様子を見て頂ける事と確信しております。

最後に、私たちは皆様とのこのご縁を
とても大切にしていきたいと考えております。
万一ご不審な点などございましたら、いつでもお気軽にご連絡下さい。
どうぞ宜しくお願いいたします。

(株)ワン・ダイニング
代表取締役社長　髙橋 淳

「日本経営品質賞」を受賞

私自身の、そして、企業としてのこうした〝価値〟を生み出す試みに対するものさしとして、外部による第三者評価があります。

我が社では、二〇一二年、公益財団法人 日本生産性本部が主宰する「日本経営品質賞」に応募し、翌二〇一三年に外食業界として初めて、その「大規模部門」を受賞しました。

「日本経営品質賞」は、顧客視点で経営を行い、革新を通じて新たな価値を生み出し続ける仕組みを有する企業を表彰するものです。一九九五年に創設され、二〇一三年度までに二一三組織が申請し、受賞したのはわずか三十四組織です。

ちょっと自慢っぽくなってしまいますが、少し説明させてください。

私がこの賞に応募したいちばんの理由は、賞を受賞することではなく、むしろ、申請書の作成などを通じたセルフアセスメント（自己評価）や、第三者の目から見て当

公益財団法人 日本生産性本部が主宰する「日本経営品質賞」において、ワン・ダイニング社は2013年に、外食業界として初めて、その「大規模部門」での受賞を果たした。授賞式では髙橋社長がスピーチを行い（写真上）、髙橋健次会長とともに表彰を受けた（写真下）。

社の強みや課題を客観的に評価してもらい、そのことで組織としての課題を解決し、改善につなげていくことでした。

結果として、受賞につながるポイントが三つ浮かび上がりました。

第一は、「基本の徹底による店舗価値の向上」です。我が社は規模の拡大を図るのではなく、ひとつひとつの店舗の価値を高めることを基本戦略としています。そして、商品・接客サービス・上質で居心地の良い空間のレベルを高めている点が評価されたのです。

第二は、先ほども触れた「アルバイトの育成」です。接客サービスの大部分を担うアルバイトの成長は、我が社の強みの源泉です。「アルバイトミーティング」や「気づきメモ」などによる情報共有や人材育成が評価されました。

第三は、「スピード感を持った改善」です。最初の応募時の指摘を受けて、我が社では自社の強みをさらに伸ばすべく「中期経営計画」をまとめるとともに、各店に「店舗計画書」を導入し、PDCAサイクルによる店舗価値向上に取り組んでいます。

こうした受賞理由は、私が社長に就任してから力を入れてきた取り組みが認められたとえ、とてもうれしく思いました。

〝価値〟を創り出し続ける

仕事を通して〝価値〟を創り出し、顧客や所属する会社、そして、社会にとって役に立つ存在になることは、働く人すべてが目指すべき目標です。

若いみなさんは、ぜひ、就職活動において、あるいは就職して働き始めるにあたり、そのことを働くことの目標として意識してみてください。

焦る必要はありません。目の前の課題をひとつずつこなしながら、着実にキャリアのステップを上がって行けばいいと思います。

途中で壁にぶつかったり、挫折を味わったりすることもあるでしょう。そうした経験のすべてが、〝価値〟を創り出す力になります。

我が社では、次のような人を仲間に迎え、我々自身もそうありたいと思っています。

誰かを喜ばせるのが好きな人
プロとして仕事に取り組みたい人
チャレンジ精神&行動力のある人
企業と一緒に成長したい人
人に感謝し、感動できる人

「誰かを喜ばせる」「プロとして仕事に取り組む」「チャレンジ精神&行動力を持つ」「企業と一緒に成長する」「人に感謝し、感動する」——これらの姿勢は、継続的に〝価値〟を創り出すための目安になると思います。

私も、まだまだこれから、自分なりの〝価値〟を創り出し続けていきたいと思っています。

同じような考えを持って働く者として、機会があれば、みなさんとどこかでお会いできることを楽しみにしています。

おわりに

〝自分〟を知る
〝基本〟を徹底する
〝気づき〟を深める
〝成長〟を続ける
〝価値〟を創る

本書で語ったこれらのことの中に、就職活動や新たな就職先に臨む学生のみなさんにとって少しでも参考になる点があれば、私はとてもうれしく思います。

みなさんのこれからの人生を豊かにするのは、地に足の着いた自分らしい就職活動と、その後の働き方です。それぞれが歩んできた道や、いま置かれている環境は人それぞれでしょうが、社会に出ていくスタートラインにいま立とうとしている点では、みんな同じです。

ぜひ、〝自分〟を知り、自分の軸を持って就職活動に臨んでください。

そして、入社したら、今度は〝基本〟の習得と徹底を心がけてください。

また、〝気づき〟を深め、いろいろなことに挑戦してみてください。

そうした積み重ねによって、仕事においても、また人間としても〝成長〟していってください。

きっと、みなさんなら、様々な〝価値〟を創り出し続けることができるはずです。

いま、「働く」を見つけるみなさんが、十年後、二十年後に、よりいっそう自分らしく働き、自分らしく生きていることを心から願っています。

［著者］
髙橋 淳（たかはし じゅん）
1961年、東京都生まれ。1984年、成蹊大学経済学部卒。
同年4月、三井物産株式会社に入社し、繊維部門に11年半在籍。1995年、食肉小売業のダイリキ株式会社に入社。2008年、株式会社ワン・ダイニングの代表取締役社長に就任。2016年、ダイリキ株式会社の代表取締役社長を兼任。

「働く」を見つける
10年後のあなたが変わる 目に見えない仕事術

2016年5月26日　第1刷発行

著　者――――髙橋 淳
発行所――――ダイヤモンド社
〒150-8409　東京都渋谷区神宮前6-12-17
http://www.diamond.co.jp/
電話／03･5778･7235（編集）　03･5778･7240（販売）
装丁&本文デザイン―加藤杏子（ダイヤモンド･グラフィック社）
製作協力――――古井一匡
製作進行――――ダイヤモンド･グラフィック社
印刷―――――勇進印刷（本文）・慶昌堂印刷（カバー）
製本―――――ブックアート
編集担当――――福島宏之

ISBN 978-4-478-06656-0